식탁에 올려 바로 먹는

따뜻한 냄비 하나

Foreign Copyright:
Joonwon Lee
Address: 127, Yanghwa-ro, Mapo-gu, Chomdan Building 6th floor,
        Seoul, Korea
Telephone: 82-70-4345-9818
E-mail: jwlee@cyber.co.kr

식탁에 올려 바로 먹는
따뜻한 냄비 하나

2016. 12. 5. 1판 1쇄 인쇄
2016. 12. 12. 1판 1쇄 발행

지은이 | 진희원
펴낸이 | 최한숙
펴낸곳 | **BM 성안북스**

주 소 | 04032 서울시 마포구 양화로 127 첨단빌딩 5층(출판기획 R&D 센터)
       | 10881 경기도 파주시 문발로 112 파주출판문화산업단지(제작 및 물류)
전 화 | 02) 3142-0036
       | 031) 950-6386
팩 스 | 031) 950-6388
등 록 | 1978.9.18 제406-1978-000001호
출판사 홈페이지 | **www.cyber.co.kr**
이메일 문의 | sunganbooks@naver.com
ISBN | 978-89-7067-319-6 (13590)
정 가 | 18,000원

이 책을 만든 사람들
책 임 | 전희경
진 행 | 선민중
사 진 | 스튜디오707 류창현 instagram changphoto1
디자인 | 임선화
홍 보 | 박연주
마케팅 | 구본철, 차정욱, 나진호, 이동후, 강호묵
제 작 | 김유석
협 찬 | 해피콜 1688-8460 / 르쿠르제 070-4432-4133 / 월드키친 02-2670-7800 / 쿠퍼 1588-8278
       | 필리가 02-6672-0880 www.pilliga.com

식탁에 올려 바로 먹는

따뜻한
냄비 하나

진희원 지음

BM 성안북스

냄비를 꺼내며

어린 시절 외할머니집 부엌에는 큰 무쇠솥 2개가 부뚜막에 앉아 있었습니다. '타닥타닥' 잔가지들이 아궁이에서 타 들어가면 할머니의 큰솥에선 진한 밥 냄새가 올라오기 시작했습니다. 어린 마음에도 무쇠솥 밥이 되어 가는 냄새는 꽤 좋았던 기억입니다. 그 시절 저는 궁금해서 언젠가 할머니께 질문을 했습니다. "할머니, 저렇게 큰솥은 어떻게 설거지해요?" 소복하게 밥을 담고 마지막 누룽지를 긁어내시던 할머니는 따끈한 누룽지 한 쪽을 제 손에 쥐어주시며 "우리 강아지, 누룽지까지 다 먹으면 그때 말해줄께…" 하시며 저를 방으로 보내셨지요.

아직도 설거지의 비밀을 듣지 못한 저는 냄비를 보고만 있어도 뿌듯한 냄비 예찬론자가 되었습니다. 할머니의 무쇠솥부터 엄마의 찬장에 크기별로 앉아 있던 양귀비 꽃무늬의 법랑 냄비와 스테인리스 냄비, 그리고 오늘 제 주방 선반을 가득 채우고 있는 다양한 종류의 냄비들까지, 냄비는 언제나 음식을 맛있게 만들어내는 요술 단지와도 같다고 생각합니다.

어릴 적 엄마께서 차려주시는 밥상 위에서 보글보글 끓고 있던 따뜻했던 냄비의 기억이 아련히 떠오릅니다. 밥상 한가운데를 차지하고 있는 냄비에는 언제나 가족들 숟가락이 바쁘게 움직였지요. 냄비와 함께 엄마의 밥상을 추억하며 오늘도 저는 냄비를 꺼냅니다.

고슬고슬한 솥밥부터 뭉근하게 끓이는 죽과 수프, 부드럽게 익히는 찜, 즉석에서 끓여 먹는 찌개, 보글보글 끓여 먹는 전골, 맛있는 떡볶이, 고소한 튀김 요리, 달콤한 케이크까지 거의 모든 요리를 할 수 있습니다. 이만하면 요술 냄비가 맞지 않나요?

냄비를 좋아하다 보니 하나둘씩 수집을 하게 되었습니다. 듬직하고 멋진 무쇠냄비, 투명하고 심플한 비전 냄비, 반짝반짝 스테인리스 냄비, 묵직한 질냄비, 화려한 법랑 냄비, 고급스러운 구리 냄비 등을 갖추게 되었습니다. 그러다보니 냄비의 성격마다 어울리는 적절한 요리가 있다는 것도 알게 되었습니다. 그렇게 하나둘씩 천천히 쌓인 레시피들을 이렇게 엮게 되었습니다.

든든하고 푸짐한 냄비 요리 하나 올리면 다른 밑반찬이 없어도 맛있고 넉넉한 식탁이 되는 걸 이미 알고 계실 겁니다. 오늘 저와 함께 냄비 요리 하나 만들어 보세요. 알록달록 냄비도 좋고, 할머니 손처럼 투박한 냄비여도 좋습니다. 가장 맛있는 순간을 최대한 빨리, 그 따스함을 되도록 오래 식탁에 전할 수만 있다면요.

따뜻한 마음을 담아 식탁 위의 주인공으로 살포시, 보글보글 냄비 하나 올려놓습니다.

진희원

CONTENTS

o

chapter 1
무쇠 냄비 하나

○ ○

chapter 2

비전 냄비 하나

○○○
chapter 3

스테인리스 냄비 하나

○○○○
chapter 4

질냄비 하나

○○○○○

chapter 5

그 외 압력·코팅·구리·법랑 냄비 하나

곡식류

쌀

어떤 요리든 재료가 신선하고 좋아야 음식 맛이 좋듯, 밥 역시 좋은 쌀로 지어야 밥맛이 좋습니다. 좋은 쌀을 고를 때는 먼저 분순물이 섞여 있는지 살펴보고 부서진 쌀알이 많이 섞여 있나 확인하세요. 부서진 쌀은 밥하는 동안 부서진 곳에서부터 녹말이 흘러나와 질척해집니다. 도정한 지 보름이 지나면서 수분 함량이 떨어지므로 나락 상태로 보관했다가 갓 찧어 나온 쌀인지, 도정한 지는 얼마나 되었는지 살펴보는 것이 중요합니다.

현미

식이섬유가 풍부하여 변비와 비만에 효과적이라 현미를 선호하는 분들도 많습니다. 현미밥을 처음 시작할 때는 현미 찹쌀부터 서서히 시작해서 현미밥으로 유도하면 좋습니다. 현미밥을 먹을 때는 그만큼 오래 여러 번 씹어서 삼켜야 소화가 잘 된답니다. 현미를 깨끗하게 잘 씻어서 팬에 노릇노릇하게 볶아서 팔팔 끓인 물에 2스푼 정도 넣어두면 미네랄이 풍부한 물이 되어 차로 즐겨도 좋습니다.

보리

보리에 풍부하게 함유되어 있는 폴리페놀이 항산화 효능이 있어서 노화를 예방하고 면역력을 높여주는 효과가 있으며 콜레스테롤 수치를 낮춰주는 성분이 있어 혈관과 관련된 성인병을 예방하는 데도 도움이 됩니다. 또한 식이섬유가 풍부하여 포만감을 주어 조금만 먹어도 배부르기 때문에 다이어트에도 아주 좋으며 변비에도 효과적입니다. 우리가 항상 즐겨 마시는 보리차는 생수보다 갈증 해소 능력이 뛰어나고 소화를 촉진시켜 주는 물질이 있어 식사를 하고 난 다음 속이 거북하고 더부룩할 때 보리차를 마시면 속을 편안하게 해줍니다.

조

곡류 중에서 알이 가장 작은 식품으로 모유가 적게 나오는 임산부에게 권한다는 말이 있는데 산모의 젖이 잘 나오게 하는 효능이 있으며 철분이 많이 함유되어 있어서 빈혈을 예방해주고 식이섬유가 풍부하게 함유되어 있어서 장의 운동을 촉진시켜 대장암을 예방하는 데 효과적입니다. 쌀에 섞어 먹으면 좋습니다.

고기류

소고기

소고기의 색은 선홍빛을 띠는 것이 좋습니다. 지방 색깔은 노란색이 아닌 흰색일수록 좋은 소고기입니다. 양지, 사태 부위는 지방이 적어서 질긴 편이기 때문에 국물요리에 적합합니다. 등심은 부드럽고 담백하여 스테이크 요리에 알맞으며, 안심은 지방이 적은 부위로 스테이크, 구이에 알맞습니다. 썰어서 파는 것보다는 덩어리를 골라 즉석에서 잘라달라고 요청하는 편이 더 신선한 고기를 구입할 수 있습니다.

돼지고기

양질의 단백질과 비타민이 풍부한 돼지고기는 지방이 하얗고 분홍색이며 윤기와 탄력이 있는 것이 신선합니다. 마늘과 파를 넣고 함께 조리하면 비타민 B1의 흡수를 돕습니다. 키위나 파인애플 한 조각을 돼지고기의 질긴 부위에 올려 반나절 정도 숙성시킨 후 조리 하면 육질이 더 부드러워집니다. 구입한 돼지고기에서 나온 수분을 키친타월 등으로 제거한 후 감싸서 냉장보관하면 좀 더 신선하게 보관할 수 있습니다.
목심은 지방과 살코기가 적절해 육질이 부드러워 구워 먹거나 수육으로 많이 이용되며 등심은 단백질이 많아 돈가스, 장조림, 탕수육용으로 많이 사용합니다. 안심은 가장 부드 러운 부분이면서 지방이 많지 않기 때문에 오래 익히면 퍽퍽해지므로 돈가스, 탕수육 으로 사용합니다. 우리나라 사람들이 제일 좋아하는 삼겹살은 지방과 살이 층을 이루고 있어 맛이 고소합니다. 뒷다리 살은 운동량이 적고 지방이 적어 제육볶음이나 불고기 용으로 많이 이용합니다.

닭고기

고단백 저칼로리 식품의 대표 선수입니다. 우리나라에서는 예부터 여름철 기력 회복을 위해 삼계탕을 끓여 먹고 서양에서는 감기에 걸리면 닭고기 수프를 끓여 먹습니다. 다른 고기에 비해 가격이 저렴해 더욱 사랑받는 식재료입니다. 신선한 닭고기는 연한 분홍색이 나고 넓적다리 살이 붉고 윤기가 납니다. 탄력 있고 껍질과 살이 단단히 붙어 있는 것을 고르세요. 소화가 잘 되어 위장에 부담이 적지만 토종닭에 비해 양식한 닭은 지방이 3배 정도로 많습니다. 껍질 안쪽의 노란 지방을 제거하고 사용하세요. 상하기 쉬우니 구입 후 빨리 드시는 것을 권합니다.

해산물

생선

생선을 고를 때 가장 중요한 것은 신선도이며, 그 다음은 올바른 손질입니다. 팔딱팔딱 뛰는 생선이 가장 신선한 것이겠지만 살아있지 않은 생선을 고를 때에는 역한 냄새가 나지 않고 눈이 맑고 생기가 있는 것을 고릅니다. 토막 생선의 경우에는 단면이 반들 반들하고 부풀어 있지 않아야 신선한 것입니다. 구입한 후에는 바로 손질하는 게 좋습니다. 여기저기 만지지 말고 머리나 눈 아래 부분을 잡고 도마는 반드시 물에 적신 후 행주로 물기를 닦고 사용하도록 합니다.

오징어

싱싱한 오징어는 살이 투명하고 광택이 납니다. 짙은 갈색이고 시간이 지날수록 순백색이 됩니다. 내장이 금방 상하기 때문에 되도록 빨리 조리하여 먹습니다. 튀김 요리 시에는 기름이 튀기 쉬우니 껍질을 벗겨 내도록 합니다. 너무 익히면 질겨지는 특징이 있으니 살에 칼집을 넣어 단시간에 조리합니다. 오징어는 짧은 시간에 빨리 익히는 것이 좋고 문어는 약한 불에서 오래 익히는 것이 좋습니다.

게

게는 암놈 꽃게가 속살이 많고 맛이 있습니다. 암게는 둥근 마름모꼴이고, 수게의 배는 뾰족한 삼각형입니다. 가을 수놈은 산란이 끝나 속이 비어 먹을 게 없으니 고를 때 유의해야 하며 같은 크기라면 무게가 무거운 쪽이 속이 꽉 차 먹을 게 많습니다.

조개류

조개류를 해감하기 위해서는 흐르는 물에 두 손으로 문질러서 잘 씻은 다음 바닷물의 염도와 같은 비율로 소금물을 만들어 담가놓고 그릇을 검정 비닐봉지에 씌워 5시간 정도 시간이 지난 후에 흐르는 물에 잘 씻어주면 됩니다.

양념류

소금

소금은 우리의 생명 유지를 위해 꼭 필요한 재료입니다. 요리할 때 역시 빠지지 않는 조미료 중의 하나이지요. 소금은 방부제 역할을 하여 음식물의 부패를 막아주고 식재료의 모양도 흐트러지지 않도록 하며 단맛을 더 크게 느껴지도록 해줍니다. 좋은 소금을 고를 때는 미네랄 성분이 많은 국내 천일염을 구입하는 것이 좋습니다. 바닷물을 증발시켜 만든 천일염은 우리가 음식으로 섭취해야 할 미네랄의 공급원이라고 할 정도로 좋습니다.

설탕

음식을 했을 때 단맛을 줄 뿐만 아니라 요리에 윤기를 주고 식품의 컬러를 유지시켜 줍니다. 음식을 오래 저장할 때도 쓰입니다. 잼이나 장아찌에 설탕을 넣어 만들어 두면 색상도 보존되고 상하지 않고 오래 보관하면서 먹을 수 있습니다.

간장

간장은 크게 진간장과 국간장으로 나뉩니다. 국간장은 국을 끓일 때나 나물을 무칠 때 주로 사용하며, 재료의 맛을 살려주고 감칠맛도 줍니다. 진간장은 맛이 진하고 단맛이 많이 나고 열에 강하기 때문에 조림이나 볶음류에 많이 사용합니다.

고추장

콩의 구수한 맛, 찹쌀과 멥쌀의 단맛, 고춧가루의 매운맛이 잘 조화된 고유의 장입니다. 고추에 들어 있는 캡사이신 성분은 감기나 각종 질병 예방에 좋다고 알려져 있습니다. 고추장은 얼큰한 맛을 내야 하는 거의 모든 요리에 사용 가능합니다. 시중에서 파는 고추장을 구입할 때는 수입산 밀로 만든 게 많으므로 재료 성분에 유의해서 고르세요.

된장

콩으로 빚은 메주에 간장, 메주가루 등을 넣어 발효시킨 장으로 구수한 맛이 일품입니다. 원재료가 콩이기 때문에 식물성 단백질이 많이 들어 있어 두뇌발달에도 도움을 줍니다. 또한 된장이 발효되면서 생긴 효소균이 혈액순환을 도와 소화시키는 데 도움을 주며 변비가 있을 경우 따뜻한 물에 된장을 살짝 풀어서 마시면 좋습니다.

꿀

설탕 대신 요리할 때 꿀을 넣으면 음식에 윤기를 더해줄 뿐만 아니라 깊은 단맛을 주어 요리의 풍미가 좋아집니다. 냉장고에 넣으면 굳을 수 있으므로 뚜껑을 잘 닫아 실온에서 보관하는 것이 좋습니다.

조청

곡식으로 만든 천연 감미료입니다. 옛날 선비들이 공부하기 전에 조청을 한두 숟가락씩 먹었다고 합니다. 뇌는 산소와 포도당을 필요로 하는데 조청이 과당성분이라서 순식간에 포도당으로 바뀌기 때문에 기억력을 높여줬다고 합니다. 설탕 대신 사용해도 좋습니다.

고춧가루

고춧가루 안에는 매운맛을 내는 캡사이신 성분이 들어 있어 비타민이 산화되는 것을 막아주기 때문에 항암 효과도 있고 혈관까지 튼튼하게 만들어주어 혈관질환 예방에 좋다고 합니다. 양념장을 만들 때 고춧가루가 겉돌지 않도록 간장 등에 미리 개어 두면 좋습니다.

후춧가루

독특한 향기와 맛으로 식욕을 촉진시키는 역할을 합니다. 통후추를 직접 갈아서 사용하면 음식의 풍미가 더욱 좋아집니다. 일반적으로 볼 수 있는 흑후춧가루는 스테이크나 샐러드에, 백후춧가루는 흰색 소스나 생선 요리에 쓰입니다. 고기 요리를 할 때 뿌리면 고기의 잡내를 없앨 수 있습니다.

계량하기

각 레시피의 양은 2~3인분 기준입니다.

이 책에서는 정확한 맛을 내기 위해서 계량컵과 계량스푼을 사용했습니다.

항상 일정한 맛을 내기 위해서는 계량 도구를 사용하는 것이 좋습니다.

계량의 단위를 표기할 때 1큰술은 1T로, 1작은술은 1t로, 1컵은 1C로 표기했
습니다. 1C는 200ml 계량컵입니다.

재료 확인이나 양을 가늠하도록 재료 컷을 실었습니다. 다만 간혹 양념류 같은 경우
누락된 부분이 있을 수 있습니다.

가루 계량하기

가루 1큰술(15ml)=
밥 숟가락으로 수북하게 1숟가락

액체 계량하기

액체 1큰술(15ml)=가볍게 2숟가락

장류 계량하기

장류 1큰술(15ml)=
밥 숟가락으로 수북하게 1숟가락

채소 계량하기

쪽파 6뿌리: 약 50g
양파 반개: 약 85g
무(손가락 2마디 정도 두께): 약 200g
당근 반개: 약 100g
브로콜리 1개(밑둥 자른거): 약 160g
고구마 1개: 약 180g

85g

50g

200g

160g

100g

180g

냄비 요리를 위한
육수내기

찌개나 전골은 어떤 재료를 사용한다고 해도 그 앞에 공통된 사항은 국물이 맛
있어야 제맛을 낼 수 있습니다. 생선, 해물 찌개나 고깃국 등은 재료 자체에서
우러나는 맛이 있어 따로 국물을 만들어 끓일 필요가 없지만, 된장찌개라든가
전골 같은 음식은 그 음식에 어울리는 맛의 국물을 준비해서 끓여야 한층 더
깊은 맛을 낼 수 있습니다. 결국 국물이 들어가는 음식의 기본은 감칠맛 나는
육수를 만드는 것에서 출발합니다. 대표적인 육수내기의 방법을 익혀 두면 감칠
맛 나는 국물 요리를 만들 수 있습니다.

빠르게 멸치 다시마 육수내기

구수하고 개운한 국물 맛을 내는 데는 쇠고기 육수보다는 멸치 육수가 좋습니다. 된장, 고추장을 풀어서 끓이는 국, 찌개에 잘 어울립니다. 때론 멸치에 다시마를 넣어 함께 국물을 내기도 하는데 여기에 술, 간장으로 맛을 낸 국물은 담백한 전골 국물로 자주 이용되며 특히 일본식 고기전골의 맛을 더해 줍니다. 국물용 멸치로는 조금 크고 납작한 것, 전체적으로 연한 색을 띠며 푸르스름하고 광택이 있는 것이 좋습니다. 무조건 오래 끓인다고 국물이 더 진해지는 것은 아니며 오히려 국물이 텁텁해질 수 있습니다.

INGREDIENTS
-
국물용 멸치 50g, 무 200g, 다시마 25x10cm 1장, 통후추 약간, 물 2L

HOW TO MAKE
-
1 압력 냄비에 물 2L를 붓고 재료를 한꺼번에 넣고 중불에서 끓인다.
2 추가 올라오면 불을 끈다.

*TIP : 멸치 내장을 발라내야 쓴맛이 없습니다.

[육수 보관]
요리시간을 절약하기 위해 미리 만들어 놓은 육수는 지퍼백에 담아 이름을 적어 판판하게 얼려서
세워 놓으면 공간을 덜 차지할 뿐 아니라 간편하게 오랫동안 보관할 수 있습니다.

[육수내기 추가재료]
무는 시원한 맛을 내줍니다.
해물탕, 어묵요리, 탕국 등 시원한 맛을 내줄 때 두툼하게 잘라서 넣어줍니다.
표고버섯은 감칠맛을 더해줍니다.
미리 손질해서 냉동한 것을 넣거나 말려서 가루 낸 것을 반 스푼 정도 넣어줍니다.

소고기 육수

소고기 육수는 대체로 어는 음식에나 잘 어울립니다. 떡국이나 무장국 같은 맑은국은 물론 된장찌개에도 멸치 대신 쇠고기 국물을 쓰면 좀 더 진한 맛을 낼 수 있습니다. 많은 양의 국물을 내는 데는 양지머리나 사태가 적당하며 작은 양일 때는 기름기가 약간 있는 등심을 잘게 썰어서 볶다가 물을 부어 끓이면 좋습니다. 덩어리 고기로 국물을 낼 때는 찬물에 담가 핏물을 빼야 누린내가 나지 않습니다.

INGREDIENTS
-

소고기 양지머리나 사태, 파, 통마늘

HOW TO MAKE
-

1 양지머리나 사태는 찬물에 한두 시간 정도 담가 두어 핏물을 뺀다.
2 냄비에 소고기를 넣고 물을 부은 후 파와 통마늘을 넣고 끓인다.
3 거품이 생기면 건어낸다.
4 고기가 부드럽게 익으면 고기는 건져 놓고 국물은 면포를 깐 체에 맑게 걸러 놓는다.

다시마 국물

다시마 국물은 개운하고 감칠맛이 있습니다. 맑은 국물의 찌개, 전골과 잘 어울립니다. 다시마는 얇은 것보다는 도톰하고 검은빛이 나며 표면에 흰 가루가 덮여 있는 것이 좋습니다.

INGREDIENTS
-

도톰한 다시마, 물 적당량

HOW TO MAKE
-

1 다시마 표면의 흰 가루를 털어내고 깨끗한 젖은 행주를 꼭 짜서 살살 닦아준다.
2 찬물에 잠시 담갔다가 끓인다.
3 물을 붓고 다시마를 넣어 끓이는데 5~10분 정도 끓이면 충분하다.

*TIP : 급하지 않을 때는 물을 끓일 필요 없이 적당한 밀폐 용기에 다시마를 넣고 물을 부어 냉장고에 보관했다가 사용해도 좋습니다. 이렇게 3번 정도 재활용할 수 있습니다.

가다랑어 육수

참다랑어를 말린 것으로 마치 나무토막처럼 생겼는데 이것을 대패 같은 것에 갈아서 씁니다. 구하기도 쉽지 않을 뿐더러 값이 꽤 비싸서 자주 이용하지는 못하지만, 멸치보다 국물 맛이 좀 더 깔끔하고 개운해서 좋습니다. 주로 일본식의 맑은국에 잘 어울립니다.

INGREDIENTS
-

다시마 2장, 가다랑어포 1줌, 물 2L

HOW TO MAKE
-

1 냄비에 물을 붓고 젖은 수건으로 닦은 다시마를 넣는다.
2 물이 한번 끓어오르면 다시마를 꺼내고 불을 끈다.
3 불을 끈 후 가다랑어 포를 넣은 후 10분 뒤에 면포를 깐 체에 걸러 사용한다.

북어머리 육수

북어머리는 구수하고 진한 국물 맛을 내는 재료로 으뜸입니다. 무기질과 비타민 등이 풍부해 간의 해독작용을 도와주는 것으로 잘 알려져 있습니다. 북어의 깊은 맛을 진하게 우리고 비린 맛이 나지 않도록 하기 위해서 끓이기 전에 한 번 볶아줍니다. 북어머리 육수는 생각보다 생태찌개, 동태찌개, 콩나물국, 김칫국, 해장국, 대구탕, 아귀찜은 물론 생선조림에 넣으면 깊은 맛을 더해줍니다. 시장이나 건어물상에서 북어머리만 따로 파니 구입해서 밀폐 비닐에 담아 냉동 보관합니다.

INGREDIENTS
-

북어머리 2개, 다시마 10x10cm 2장, 굵은 파 1대, 물 2L

HOW TO MAKE
-

1 북어머리는 흐르는 물에 씻어내고 다시마는 젖은 수건으로 흰 가루를 가볍게 닦아낸다.
2 냄비에 북어머리, 다시마, 파를 넣고 물을 부어서 끓인다.
3 국물이 끓어오르기 직전에 다시마는 건져내고, 굵은 파와 북어머리는 5분 정도 더 끓인 다음 체에 걸러낸다.

맛있는
솥밥 짓기

전기 밥솥을 많이 사용하긴 하지만 솥밥에 비할 맛이 아니지요. 솥밥만 잘 지어도 반찬 없이 맛있게 먹을 수 있습니다. 전기 밥솥에 익숙한 분들은 솥밥이 어렵게 느껴질 수 있겠지만 충분히 뜸을 들인 다음 수분을 날리며 잘 섞어주면 밥알이 서로 엉겨붙지 않고 맛있는 밥을 지을 수 있습니다. 맛있는 솥밥 짓기에 도전해 보세요.

질냄비에 밥하기

INGREDIENTS
-
쌀 2C
물 2.5C

PREPARATION
-
1 볼에 쌀을 넣고 물을 부어 바로 물을 버립니다. 처음에 붓는 물은 쌀이 급
  속도로 빨아들이기 때문에 겨 냄새가 나게 되므로 바로 버리는 것이 좋아요.
2 다시 한 번 물을 붓고 쌀이 깨지거나 상처가 생기지 않도록 살살 씻어줍니다.
  하얀 물이 나오지 않을 때까지 물을 여러 차례 갈아주면서 씻어줍니다.
3 30분 정도 물에 불려 체에 밭쳐 물기를 빼줍니다.

HOW TO MAKE
-
1 냄비에 쌀을 넣고 물을 붓습니다.
2 뚜껑을 덮고 불을 중불에서 중강불로 합니다.
3 넘치면 뚜껑을 열었다가 닫고 한 번씩 뚜껑을 열어서 밥을 뒤적여 줍니다.
  그래야 밑이 눌어붙거나 타지 않습니다.
4 물이 자작해지면 불을 줄여서 10분 정도 둡니다. 이때부터는 뚜껑을 열지
  않도록 합니다.
5 불을 끄고 뚜껑을 덮은 채로 10분 정도 뜸을 들입니다. 증기가 돔 형태의
  뚜껑을 통해 전체적으로 순환이 되어 뜸을 들이는 사이에도 수분이 밥에
  돌아가 밥알이 탱탱하게 익습니다.
6 밥알이 뭉개지지 않도록 살살 섞어줍니다. 과하게 남은 수분을 날려
  주도록 합니다.

무쇠 냄비에 현미밥 하기

INGREDIENTS
-
현미 2C
물 3C

PREPARATION
-
1 물을 2~3번 갈아가며 표면의 더러움을 씻어내듯 비벼 가면서 씻어줍니다.
2 물을 많이 넣고 1시간 이상 불려 둡니다.
3 체에 밭쳐 물기를 뺍니다.

HOW TO MAKE
-
1 냄비에 불린 현미를 넣고 물을 붓습니다.
2 뚜껑을 덮고 중불에서 끓이다가 물이 잦아들고 거품이 작게 일어나면 불을
  줄여 20~25분 정도 둡니다.
3 불을 끄고 15분간 뚜껑을 덮은 그대로 두면서 뜸을 들입니다.
4 수분을 날리며 섞어줍니다.

현미는 쌀눈을 그대로 남겨둔 것으로 정미하기 전의 쌀입니다. 연한 갈색을 띠고 있으며 백미
보다 영양가도 높고 씹는 맛이 있습니다. 부드러운 맛을 선호하시는 경우에는 중불보다 더 약한
불에서 시작하여 끓어오른 후에는 약한 불로 30분 정도 가열하고 불을 끄고 15분간 두면 됩니다.

밥상을 차리며

냄비 받침

나무, 패브릭, 도톰한 실로 뜬 것 등 뜨거운 것에 강한 소재로 된
것으로 사용하면 좋아요.

냄비 손잡이

보통 뜨거운 냄비 손잡이를 잡을 때 눈에 보이는 행주로
때로는 소매를 길게 늘어내려 아슬아슬하게 식탁으로 옮
깁니다. 아주 위험하지요. 냄비 손잡이를 잡을 때는 꼭 마
른 천이나 열이 전도되지 않는 실리콘 같은 소재로 된 것
을 비치해 두었다가 사용합니다. 젖은 행주는 화상을 입기
쉬우니 사절입니다.

나눔 접시

국물이 있는 음식은 조금 움푹한 그릇에 국물이 없는 음식이라면 평평
한 작은 접시가 좋아요. 그날의 음식에 따라, 냄비 종류에 따라 센스있
게 매치한다면 먹는 이를 조금 더 배려한 밥상으로 보일 거예요.

서빙 도구

작은 국자와 서빙용 젓가락을 같이 준비해요. 건더기는 젓가락으로
알맞게 닮은 뒤, 국자로 국물을 담으면 국물을 담으면서 바닥에
흘릴 염려도 없고 재료가 골고루 나눠질 수 있어요.
따뜻한 솥밥의 경우, 식탁에서 짜잔 하고 열어 김이 모락모락 나는
상태에서 밥그릇에 나눠준다면 그 감동이 배가 될 거예요.

식탁 양념

가족의 평균 입맛에 맞춰 만든 음식이지만 먹는 사람의 기
분에 따라 싱거울 수도 조금 짤 수도 있습니다. 각자 입맛에
맞게 간을 가감할 수 있는 작은 양념들을 식탁 위에 함께 놓
아주세요.

chapter

1

무쇠 냄비 하나

확실한 존재감으로
든든한 주방 친구

무쇠 냄비

생김새가 예뻐서 선반 위에 하나쯤은 올려두고 싶은 냄비입니다. 물론 식탁 위에 바로 올려도 더할 나위 없이 근사한 식탁이 됩니다. 주물 냄비는 무게감이 꽤 있습니다. 특히 뚜껑도 무거워 조리 중에 채소에서 나오는 수증기가 밖으로 빠져나가지 않고 냄비 전체에 고루 떨어지기 때문에 식재료 본연의 맛을 놓치지 않고 유지해줍니다. 재료의 수분을 보존해주고 재료의 단맛이나 식감을 살려주며 조미료나 유지류의 사용도 줄일 수 있습니다.

무쇠 냄비는 열전도율이 높은 특징이 있습니다. 처음 열이 달아오를 때까지는 시간이 걸리지만 열이 퍼지는 시간이 빠른 것뿐만 아니라 식재료에 균등한 열을 전달하기 때문에 고르게 익힐 수 있습니다. 보온성에도 탁월한 효과를 보이기 때문에 찜, 수육, 궁중요리 등 오랫동안 끓이거나 익혀야 하는 요리에 사용하면 조리 시간도 단축되고 재료의 영양 손실도 줄여줍니다. 불의 세기도 중불이나 약한 불이면 충분합니다. 불을 끄고 냄비에 남은 열로도 충분히 조리할 수 있습니다.

조리를 끝낸 후 냄비를 물에 잠시 담가두면 물에 불려져 힘들여 닦지 않아도 됩니다. 음식이 많이 눌어붙었을 경우에는 따뜻한 물을 넣어 뚜껑을 덮어 충분한 시간을 두고 불리세요. 그런 다음 부드러운 수세미로 살살 닦으면 쉽게 닦을 수 있어요. 눌어붙은 게 잘 떨어지지 않는다고 무리하게 철 수세미로 밀면 안돼요. 많이 탔다 싶을 때는 소다와 세제를 1:1 비율로 섞어 탄 부분에 발라둔 후 부드럽게 닦으면 됩니다.

무쇠 냄비를 조리한 이후에 오일을 한방울 정도 냄비에 고루게 펴 바르면 녹이 생기는 것도 방지되고 냄비도 오래 사용할 수 있습니다.

대추 퓨레에 재운 살치살 조림

소 부위 중에도 최상급으로 치는 살치살로 부드러운 조림을 만들어봅니다.
특별한 날 식탁 위에서 주목 받는 요리랍니다. 부드러워 어르신을
위한 요리로 좋으며 어린아이에게도 인기가 많지요. 대추 퓨레를 넣어 대추의
풍미가 단맛과 잘 어우러져 음식의 질을 한층 높여줍니다.

INGREDIENTS

		양념장		대추 퓨레(p.34참조)
살치살 400g	식용유 적당량	**양념장**		**대추 퓨레**(p.34참조)
작은 단호박 1/2개	꿀 · 참기름 약간씩	간장 5T	정종 2T	대추 30알
밤 10개	후춧가루 약간	꿀 2T	다진 마늘 2T	물 3C
은행 5개 정도		배즙 1C	참기름 1T	
당근 50g		레드와인 1T	후춧가루 약간	
무 100g		대추 퓨레 3T		

대추 퓨레

PREPARATION

1 대추 퓨레는 냄비에 대추가 충분히 잠길 정도의 물을 부어 끓이다가 대추가 물러
  졌을 때 대추만 건져내 씨를 골라내고 끓였던 물과 함께 믹서기에 갈아 체에 걸러
  내린 물을 퓨레 형태가 될 때까지 중불에서 뭉근히 끓인다.

2 대추 퓨레를 분량의 양념장과 섞어둔다.

3 살치살은 덩어리로 준비하고 5cm 정도의 길이로 두툼하게 썰어 레드와인과 후춧
  가루에 20분 정도 재운다. 레드와인이 없을 때에는 복분자로 대신해도 됩니다.

4 당근과 무, 단호박은 한 입 크기로 잘라 모서리를 손질하고 밤과 은행은 껍질을
  벗겨둔다.

대추 퓨레는 감기예방이나 면역력을 올리는 데에도
효과가 탁월하므로 한꺼번에 만들어 전용 밀폐 용기에 담아 냉동실에 보관해요.
약식이나 고기가 들어가는 음식에 설탕의 양을 줄이고 대추 퓨레를 넣으면 음식의 깊은 맛을 더 느낄 수 있습니다.

HOW TO MAKE

1 팬을 뜨겁게 달궈 식용유를 살짝 두른 뒤 물기를 제거한 살치살의 겉면을
　빠르게 굽는다. 겉면을 구운 고기를 냄비에 옮겨 넣고 고기가 잠길 정도로만 양념
　장을 넣어 30분간 재운다.

2 고기를 굽던 팬에 채소를 넣어 센 불에서 5분간 굽다가 중불로 줄여 노릇노릇
　해질 때까지 굽는다.

3 재워놓은 고기에 구운 채소와 남은 양념장을 넣고 중불에서 조린다.

4 재료에 양념이 고루 배면 꿀과 참기름을 두르고 강불로 올려 주걱으로 재료를 빠
　르게 섞고 불을 끄고 마무리한다.

국물이 거의 졸았을 때 꿀과 참기름을 넣고 아주 짧게 불을 세게 올려 윤기가 반질반질하게
양념이 배게 졸이는 게 포인트입니다.

마를 넣은 아롱사태찜

질긴 부위인 아롱사태를 부드럽고 쫄깃한 찜으로 만들어 보았습니다.
지방이 거의 없는 부위라 단백질 보충이 필요한 가족의 식탁에 담백하고
맛갈나는 일품요리가 되어줄 것입니다. 미끈하면서도 아삭한 식감을 주는
마를 넣어 영양을 높여 보다 고급스러운 냄비 요리랍니다.

INGREDIENTS

		양념장	
아롱사태 500g	무 1/3개	간장 5T	후춧가루 1t
마 200g	당근 1/3개	배즙 5T	참기름 2T
가래떡 50g	홍고추 2개	설탕 2T	
대추 10개	대파 1줄기	청주 2T	
은행 10개	식용유 약간	다진 마늘 2T	
마른 고추 2개	꿀 1T		

PREPARATION

1 아롱사태는 사방 5cm 정도 크기로 토막내 찬물에 30분 정도 담가 핏물을 뺀다.
   분량의 양념 재료를 섞어 양념장을 만든다.

2 무와 당근은 밤톨 만하게 자르고 모서리를 둥글게 깎아 낸다. 마는 껍질을 벗겨 같은
   크기로 가른다. 가래떡은 2cm 정도 길이로 자른다.

3 대추는 겉을 깨끗하게 닦고 밤은 껍질을 벗긴다. 은행은 기름을 두른 팬에서 파랗게
   볶아 껍질을 벗긴다.

4 마른 고추와 홍고추도 어슷하게 썬다. 대파는 2~3cm 정도 길이로 썬다.

채소의 모서리 부분을 둥글게 깎는 이유는 식재료의 모서리끼리 부딪혀 깨져서 요리가 지저분해질 수 있기
때문입니다. 조금 손이 더 가더라도 찜요리 시 모서리를 둥글게 깎는 것이 좋습니다.

HOW TO MAKE

-

1 센 불로 달군 팬에 기름을 두르고 마른 고추를 넣고 볶아서 매운 향을 내다가
   물기를 제거한 고기를 넣어 겉면을 노릇하게 지져낸다.

2 냄비에 고기를 넣고 고기가 겨우 잠길 정도의 양념장을 넣고 뚜껑을 닫아 센
   불에서 끓이다 중불에서 50분 정도 끓인다.

3 고기가 어느 정도 익으면 무, 대추, 당근을 넣고 남은 양념장을 마저 넣고 중간
   중간 주걱으로 살살 뒤적이면서 20분 정도 약불에서 뜸을 들인다.

4 마지막으로 떡, 마를 넣고 뒤적여주다가 모든 재료에 간이 배면 불을 세게 올
   리고 꿀을 넣어 1분 정도 윤기를 내고 불을 끈다.

5 대파와 홍고추로 장식한다.

뒤적여 줄 때 사용하는 주걱은 나무나 실리콘 제품을 사용하는 게 좋아요.

레드와인에 조린 닭날개

닭고기와 채소에 와인을 넣어 조린 프랑스식 닭 요리인 코코뱅을 쉬운 재료로
만들어 봤습니다. 뼈에서 부드럽게 떨어지는 닭고기와 부드럽고 달콤한
밤의 조화로운 맛을 전합니다.

INGREDIENTS

푸룬

레드와인

오일

토마토
페이스트

밀가루

후춧가루

소금

닭날개 8개	양파 1개	**닭날개 양념**
레드와인 1.5C	마늘 7알	소금 1/3t
토마토 페이스트 1T	물 1.5C	밀가루 약간
푸룬 8개	오일 1T	후춧가루 약간
밤 12개	소금 · 후춧가루 약간씩	

PREPARATION
-

1 닭날개는 소금, 후춧가루로 간을 하여 30분 정도 재워둔다.

2 밤은 껍질을 벗긴다.

3 양파는 채 썰어 갈색이 될 때까지 중불에서 볶아준다.

HOW TO MAKE

1 닭날개에 밀가루를 입혀준다.

2 밀가루를 묻힌 닭날개를 중불에서 달군 프라이팬에 올리브유를 두른 뒤 표면이 알맞게 익을 때까지 구워낸다.

3 레드와인을 붓고 바닥을 긁어내듯이 섞어 와인이 반으로 줄어들 때까지 뚜껑을 덮지 않고 중불에서 끓인다.

4 물과 토마토페이스트를 붓고 닭날개와 밤과 마늘, 푸룬을 넣은 다음 뚜껑을 덮은 뒤 약한 불에서 10분간 끓인다.

5 뚜껑을 열고 중불로 올린 다음 볶아두었던 양파를 넣어 섞어주면서 남은 국물이 1/3이 될 때까지 조린다.

고기를 조릴 때는 우선 고기와 기름을 냄비에 넣어 잘 스며들게 한 후
불을 켜면 냄비에 눌어붙을 염려가 없어요.

다진 소고기를 넣어 구운 양배추롤

다진 고기를 데쳐낸 양배추 잎으로 감싸 오븐에 구워낸 양배추롤입니다.
잘라낸 단면에서 넘쳐 흐르는 육즙이 풍미를 높여 잘 지어진 밥과 함께 먹으면
그보다 더한 것이 없습니다. 찰 지게 지은 밥과 함께 내면
환상의 밥상이 될 것입니다.

INGREDIENTS

다진 양파
토마토소스
다진 마늘
파르메산
치즈가루
파슬리가루
소금
후춧가루

다진 소고기 300g
양배추 1/2통
양파 1개
고형 카레 1조각

토마토소스 1C
파슬리가루 1T
파르메산 치즈가루 5T
다진 마늘 2T

버터 20g
식용유 적당량
소금 · 후춧가루 약간씩

PREPARATION

1 넓은 냄비에 물을 팔팔 끓여 양배추 잎을 한 장씩 넣어 데친 다음 찬물에 넣어 식힌
  후 키친타월로 물기를 닦아준다.

2 양파와 마늘은 잘게 다진다.

[양배추 마는 방법]

양배추는 말기 쉽도록 두꺼운 줄기 부분을 칼로 잘라낸다.
작은 잎의 줄기가 내 쪽을 바라보게 해서 고기 경단을 얹고
좌우로 접어 말아준다.
키친타월로 감싸고 손으로 잘 눌러줘 둥글게 만든다.
커다란 잎은 주름을 잡듯이 둥근 모양으로 만들어 감싸준다.

HOW TO MAKE

1 약한 불에 버터, 마늘, 양파를 넣고 갈색이 될 때까지 볶다가 볼에 옮겨 식힌다.

2 1의 볼에 다진 고기를 넣고 파슬리가루를 넣고 고무 주걱으로 살살 섞어 소금과 후춧가루로 간한다. 재료들을 잘 주물러 6등분하여 둥글게 고기 경단을 만든다.

3 데친 양배추 잎 위에 고기 경단을 올려 돌돌 말아준다.

4 냄비에 얇게 식용유를 고루 바르고 돌돌 만 양배추롤의 끝단이 바닥을 향하게 놓는다.

5 4위에 토마토소스를 고루 올리고 파르메산 치즈가루를 뿌린다.

6 5에 작게 자른 버터를 올리고 200℃로 예열한 오븐에서 고운 색이 입혀질 때까지 20~25분간 굽는다.

양배추 말이에 이쑤시개로 구멍을 내주면 소스가 안으로 들어가 양념이 안에 잘 배어들어 더욱 맛있습니다.

헝가리 전통 스튜, 굴라쉬

헝가리 전통 소고기 채소 스튜인 진한 맛의 굴라쉬입니다. 달큰하고 매콤한 맛
이 헛헛한 속을 달래줍니다. 건지가 충실한 국물 요리로 넉넉히 만들어
밥과도 잘 어울리고 구운 빵과 함께 해도 좋습니다.

INGREDIENTS

소고기 목살 600g	레드와인 1C	버터 20g
양파 1개	노란 쥬키니 1/2개	소금 · 후춧가루 · 파슬리
파프리카 2개	토마토소스 1.5C	가루 약간씩
감자 1개	다진 마늘 1T	
닭 육수 3C	파프리카 파우더 1T	

양파는 중약불에서 느긋하게 볶아 진한 물엿 색으로 변할 때까지 볶아주어야
양파가 가진 단맛과 감칠맛을 제대로 이끌어 낼 수 있습니다.

PREPARATION
-

1 소고기는 4cm 크기로 깍둑썰기 한 후 소금, 후춧가루를 뿌려준다.

2 양파, 파프리카, 쥬키니, 감자는 소고기 크기로 깍둑썰기 한다.

3 마늘은 잘게 다진다.

HOW TO MAKE
-

1 냄비를 뜨겁게 달궈 버터를 넣고 녹이고 소고기의 겉면을 알맞게 구
워준 후 꺼내놓는다. 이 냄비에 마늘과 양파를 넣고 갈색이 될 때까지
중불로 볶는다.

2 1에 와인을 넣고 중불로 끓이다가 파프리카 파우더와 토마토소스를
넣고 볶다가 닭 육수를 넣는다. 끓기 시작하면 거품을 걷어내고 채소
와 고기를 넣고 뚜껑을 덮고 〈약한 불에 20분간 끓이다가 불을 끈
후 20분간 그대로 두기〉를 3회 정도 반복하면서 채소가 푹 익어서 맛이
잘 어우러진다.

3 가끔씩 저어주며 고기가 부드러워지면 뚜껑을 열고 육수가 퓨레
상태가 될 때까지 졸여내고 소금과 후춧가루로 간을 맞춘다.

도라지 조청을 넣은 오겹찜

사포닌 성분이 풍부해서 기관지와 폐에 좋은 도라지청을 이용해 쪄낸
오겹살찜은 맛은 물론이고 몸에도 좋습니다. 특히 미세먼지가 많고
황사가 잦은 날에 드시면 더욱 좋은 요리입니다.

INGREDIENTS

통 오겹살 1kg	통 오겹살 1kg 밑간	조림장		향신 재료
도라지 2뿌리	청주 3T	도라지 조청 5T	참기름 1T	마늘 4알
사과 1개	후춧가루 약간	사과 1/2개	꿀 1T	생강 20g
양파 1개		배 1/2개	설탕 2T	통후추 1/2T
대추 5개		양파 1/2개	후춧가루 약간	
은행 10알		간장 5T		
호두 5조각		물 1C		

PREPARATION

1 오겹살은 통째로 길게 준비하고 껍질 부위에 잘게 칼집을 넣어 청주와 후춧가루를
   뿌려둔다.

2 도라지와 밤은 깨끗하게 씻어 껍질을 벗겨둔다.

3 양파와 사과는 도톰하게 썬다.

4 조림장을 만들어둔다.

익힌 고기를 팬에 지질 때 칼집을 넣은 껍질 부분을 힘을 줘서
누르듯 지지면 바삭한 식감을 살릴 수 있습니다.

HOW TO MAKE

-

1 냄비에 양파와 사과를 깔고 그 위에 고기를 얹은 후 향신 재료를 얹고 5분 정도는
  센 불로 가열한 다음 중불로 줄여 30분 정도 찐다.

2 고기가 익으면 중불로 달군 팬에 찐 고기의 겉면을 지져 먹음직스럽게 색을 낸다.

3 냄비에 조림장 재료를 한데 넣고 끓이다가 지진 돼지고기와 도라지, 마늘, 밤을
  넣고 중불로 5분 정도 끓인다.

4 중간에 은행과 도라지, 호두를 넣고 불을 약하게 줄인 후 국물이 거의 없어질
  때까지 30분 정도 조린다.

5 마지막으로 꿀과 참기름을 넣고 마무리한다.

음식물이 냄비에 눌어붙었을 경우 따뜻한 물에 담가 뚜껑을 덮어 시간을 둔 다음
수세미로 닦으면 잘 닦입니다. 따뜻한 물이 양념이나 기름을 녹여주어 쉽게 설거지 할 수 있습니다.
무리하게 벗겨내려고 하지 마세요. 냄비 수명을 단축시키는 행동입니다.

통 삼겹살을 두둑히 넣은 김치찜

삼겹살은 기름기가 너무 많아 느끼하다고 생각하는 분들의 생각을
바꿔줄 만한 요리입니다. 칼칼한 묵은지에 통삼겹을 듬뿍 넣고 감칠맛의 북어머리 육수
를 넣어 뭉근히 보글보글 끓여낸 김치찜! 밥도둑이 따로 없답니다.

INGREDIENTS

통 삼겹살 600g
묵은지 1/2포기
북어머리 육수 적당량
양파 2개
대파 2줄기

무 1/4개
청 · 홍 고추 1개씩

양념장

고춧가루 1T
다진 생강 약간
새우젓 3T
황설탕 1T

된장 3T
다진 고추 2T

PREPARATION
-

1 무는 큼직하게 잘라 모서리를 정리해두고 고추와 대파는 어슷하게
  썬다.
2 김치는 속을 잘 털어내고 반으로 가르고 양파는 두껍게 썰어둔다.
3 양념장을 준비한다.

HOW TO MAKE
-

1 냄비에 무와 양파를 깔고 그 위에 김치와 통삼겹을 얹는다.
2 준비한 양념장과 북어머리 육수를 재료들이 잠길 정도로 붓고 센 불에서
  20분간 끓인다.
3 중불로 줄여 30분간 뚜껑을 덮고 끓인다.
4 대파를 넣고 약불로 20분 정도 뭉근히 끓인다.

김치가 너무 시었다면 찬물에 한 번 헹구고 김치 국물을 체에 걸러 간을 맞추면 좋아요.

가을채소 크림스튜

찬바람만 불면 몸속으로 한기가 들어 음식으로 충분한 지방을
좀 더 채워야 할 것 같아요. 카레도 아니고 수프도 아닌 크림스튜가 속을
든든히 채워줄 것입니다. 우리 입맛에는 조금 낯설지만
외국에서는 식탁에 자주 오르는 힘이 나게 하는 음식입니다.

INGREDIENTS

샐러리잎
닭 육수
참나물
소금
생크림

삼겹살 200g	우엉 1/2대	적양파 1개	생크림 200ml
소시지 3개	당근 1/2개	참나물 10g	버터 10g
양배추 1/8통	새송이버섯 1개	샐러리잎 2장	소금·후춧가루 약간씩
연근 1/2개	양송이버섯 3개	닭 육수 3C	청주 약간

PREPARATION
-

1 삼겹살은 한입 크기로 썰어 청주와 소금, 후춧가루를 뿌려 30분 정도 재워두고, 소시지도 한입 크기로 자른다.

2 양배추, 당근, 연근, 우엉, 양파, 버섯도 한입 크기로 자른다.

HOW TO MAKE
-

1 뜨겁게 달군 팬에 재운 삼겹살을 볶다가 소시지와 양배추도 넣어 살짝 볶는다.

2 냄비에 볶은 삼겹살과 손질한 재료(당근, 연근, 우엉, 양파, 버섯)를 넣고 닭 육수와 소금, 후춧가루를 넣고 센 불로 끓인다.

3 육수가 끓기 시작하면 불을 줄여 30분 정도 중약불로 익힌다.
   재료가 다 익으면 불을 끄고 생크림과 버터를 넣고 소금과 후춧가루로 마지막 간을 한다.

4 참나물과 샐러리잎을 스튜 위에 얹고 겨자를 곁들여 먹으면 보다 깔끔한 맛을 느낄 수 있다.

가을 채소 갈무리하기

11월 초는 날이 선선하고 건조하여 나물을 말리기에 적절합니다.
겨울이 오기 전에 갈무리해두면 겨우내 유용하게 활용할 수 있습니다. 갈무리 채소에는 대표적으로 버섯이나 애호박이 있는데 버섯은 비타민 D가 활성화되어 영양면에서도 우수한 상태가 됩니다.
애호박의 경우 완전히 마르기 전에 날이 궂으면 곰팡이가 피기 쉬우니 찬바람 불고 3-4일 날이 맑겠다는 일기예보가 있을 때 옥상이나 베란다 등에서 말리면 좋습니다.
무 밑둥이 달린 무청은 그냥 말리거나 소금물에 데쳐서 말리고 무는 굵게 채 썰어 무말랭이를 만들기도 하고 아이 주먹 만하게 썰어 반 정도 말린 상태로 냉동시켜 마른 생선 조림이나 찌개에 넣어 먹으면 좋습니다.

얼큰한 김치 콩나물밥

김치 콩나물밥은 가장 구하기 쉬운 재료를 이용해서 좋지만
밥물을 잘못 잡으면 망치기 십상입니다. 소개해 드리는 레시피로
성공적인 김치 콩나물밥을 만들어 보세요.
아이들도 좋아하는 채소가 많은 밥 요리입니다.

INGREDIENTS

삼겹살 200g	달걀 2개	**고기 양념장**
콩나물 200g	슬라이스 치즈 1장	다진 생강 1/2t
송송 썬 김치 1C	물 1C	간장 1T
쌀 1C	라벤더 1줄기	후춧가루 약간

PREPARATION
-

<u>1</u> 삼겹살은 굵게 다져 양념에 재워둔다.

<u>2</u> 잘 익은 배추김치는 속을 털어내고 송송 썰어 물기를 살짝 짜둔다.

<u>3</u> 쌀은 30분 정도 불려 물기를 빼고 콩나물은 꼬리를 다듬는다.

HOW TO MAKE
-

<u>1</u> 팬에 올리브유를 두르고 돼지고기를 볶다가 김치 송송 썬 것을 넣어
살짝 볶아둔다.

<u>2</u> 냄비에 쌀을 넣고 돼지고기와 김치 볶은 것을 넣는다.

<u>3</u> 물을 부어 센 불에서 5분 정도 끓이다가 중약불로 익혀 밥물이 거의
없어지면 콩나물을 넣고 약불로 줄여 뜸을 들이듯 콩나물을 익힌다.

<u>4</u> 콩나물이 투명하게 익으면 불을 끄고 뜸을 좀 더 들인 뒤 주걱으로
잘 섞는다.

<u>5</u> 4의 위에 푼 달걀과 치즈를 올려 250℃ 오븐에 넣고 5분 정도 굽는다.

밥을 하다 보면 김치와 콩나물에서 물이 많이 나와 밥이 질게 됩니다. 콩나물밥을 할 때는
밥물을 작게 잡아야 합니다. 밥물은 불리지 않은 쌀을 기준으로 동량의 물을 넣습니다.

버터 연어 누른밥

볶음밥과 비빔밥의 중간쯤으로 설명하면 될까요?
푸짐하게 재료를 올린 팬에 수저 여러 개가 덜그럭 소리를 내며
마치 돌솥비빔밥을 맛나게 비벼 먹듯이 비비듯 볶듯 밥과
섞어가며 먹는 밥 요리입니다.

INGREDIENTS

연어 2조각	은행 50g	참기름 1T
밥 3공기 분량	버터 20g	간장 1T
게살 100g	붉은 생강 절임 약간	다진 마늘 1T
달걀 2개	설탕 2T	참깨 2T
아스파라거스 20g	소금 약간	

PREPARATION

-

<u>1</u> 게살은 길이로 길게 찢어 마른 팬에 살짝 볶아 비린내를 없앤다.

<u>2</u> 연어는 소금을 살짝 뿌려둔다.

<u>3</u> 생강은 곱게 채 썰고 은행은 후라이팬에 볶아 껍질을 벗겨둔다.

<u>4</u> 아스파라거스는 끓는 물에 살짝 데쳐 4cm 정도의 길이로 자른다.

<u>5</u> 밥에 참기름과 간장을 섞어둔다.

HOW TO MAKE

-

<u>1</u> 달걀은 잘 풀어 달군 팬에 조금씩 부어 젓가락으로 저어가며 부드러운 스크램블드 에그를 만든다.

<u>2</u> 팬을 뜨겁게 달구고 연어를 구워 잘게 찢는다.

<u>3</u> 달군 냄비에 버터를 녹인 뒤 참기름과 간장을 섞은 밥을 담고 위에 연어와 준비된 재료를 올린다.

<u>4</u> 식탁에 내기 직전에 팬을 뜨겁게 달궈 밥이 노릇노릇해질 때까지 익혀 낸다.

생강절임이 없으면 김치 물기를 꼭 짜 송송 썰어 넣어도 좋아요.
연어는 구이용으로 손질된 것을 구입하면 편리합니다.
달걀에 생크림을 넣어주면 더 부드럽고 고소합니다.

담백하고 고소한 밤 수프

저의 태몽은 반짝반짝 빛나는 알밤이었다고 합니다. 그래서인지 저는
유난히 밤을 좋아합니다. 예로부터 엄마들은 가을마다 아가들의 볼살이
통통히 오르라고 삶은 밤을 먹였다지요. 그 어여쁜 볼살은 '밤살'이라는 고운 이
름으로 불리고요. 가을 햇살만큼 반짝이는 햇밤을 정성껏 손질하고 끓여 가
족 모두가 좋아하는 수프를 만들었습니다. 기분까지 따뜻하게 만드는
밤 향기가 식탁에 가득합니다.

INGREDIENTS

껍질 깐 밤 450g

양파 1개

대파 흰 부분 1대

버터 15g

우유 1/2C

생크림 1/2C

채소 국물 3C

소금 · 후춧가루 약간씩

채소 국물

물 1L

샐러리 1대

당근 1/2개

양파 1개

대파 흰 부분 1대

PREPARATION

1 밤은 속껍질까지 깔끔하게 껍질을 벗기고 양파와 파를 잘게 다진다.

밤은 비슷해 보이지만 100여 종이 넘는 다양한 품종이 재배된다고 합니다.
가장 유명한 옥광은 색이 짙고 알이 굵으며 윤기가 흐르는 최상품에 해당합니다.
산밤을 많이 주워올 경우 슴슴한 소금물에 한나절 담궈두었다가 햇빛에 말려 김치냉장고에
보관하면 겨우내 벌레가 나지 않은 밤을 먹을 수 있습니다.

HOW TO MAKE

<u>1</u> 중불로 달군 냄비에 버터와 포도씨유를 두르고 양파와 파를 넣고 갈색이 되도록 볶는다.

<u>2</u> 생밤을 넣어 15분 정도 함께 볶다가 분량의 채소 국물을 넣고 뚜껑을 덮어 밤이 완전히 익을 때까지 중불로 30분 정도 끓인다. 중간중간에 한 번씩 저어준다.

<u>3</u> 밤을 국자로 눌렀을 때 잘 부서지면 익은 상태이다. 불을 끄고 한 김 식혔다가 블렌더로 곱게 갈고 우유와 생크림을 넣어 약한 불에서 한 번 더 끓이면서 계속 저어준다.

<u>4</u> 기호에 맞게 소금과 후춧가루로 간을 해서 먹는다.

블렌더로 곱게 간 끓인 밤을 한 김 식혀 따뜻할 때 밀폐 용기에 담아 냉동 보관 하세요.
먹을 때 해동해서 우유와 생크림을 넣어 끓이기만 하면 편하게 먹을 수 있습니다.

담백한 백합 현미죽

이름마저 고운 백합은 조개 중에서도 가격이 비싼 편이지만
연하고 단맛이 나는 살과 시원하고 뽀얀 국물을 맛보면 제값을 한다는 말을
이해할 수 있을 것입니다. 몸에 좋은 현미를 백합 국물로 끓여
부드럽고 감칠맛 나는 죽으로 만들었습니다.

INGREDIENTS

		조개 육수	
현미 1/2C	된장 1t	백합 껍질째 400g	대파 1대
백미 2T	부추 2뿌리	물 3C	청주 약간
참기름 1T	소금 약간	통후추 약간	
다진 마늘 1t			

조개 육수 만들기

PREPARATION

1 현미와 백미를 1시간 정도 물에 불린다.

2 해감한 백합을 깨끗하게 씻어 통후추, 대파, 청주를 넣어 끓는 물에
삶는다.

3 백합이 입을 열면 조개만 건져 살을 깨끗하게 발라 두고 조개 국물은
체에 걸러 불순물을 걸러낸다.

백합은 비교적 모래가 많은 바닷가에서 잡히기 때문에 해감이 쉬운 편이지만
시장에서 구입한 후 다시 한 번 더 해감을 해주는 것이 안전합니다.
조개를 해감시킬 때는 조개 담근 물에 소금을 2T 정도 넣고 검정 비닐봉지에 씌워
5시간 정도 두면 간단하게 해감시킬 수 있습니다.
죽은 보통 불린 쌀의 5배 정도의 물이나 육수를 넣고 끓입니다.

HOW TO MAKE

1 중불에 달군 냄비에 참기름을 두르고 다진 마늘과 물기를 뺀 불린
  쌀을 볶다가 조개 육수를 포함한 3C의 물을 쌀이 눋지 않도록 나누어
  넣고 저어가며 끓인다.

2 쌀이 투명하게 잘 퍼지면 된장을 풀고 발라둔 백합살을 넣어 약불에
  뭉근히 끓인다.

3 먹기 직전에 부추 송송 썬 것을 올려 섞어 먹는다.

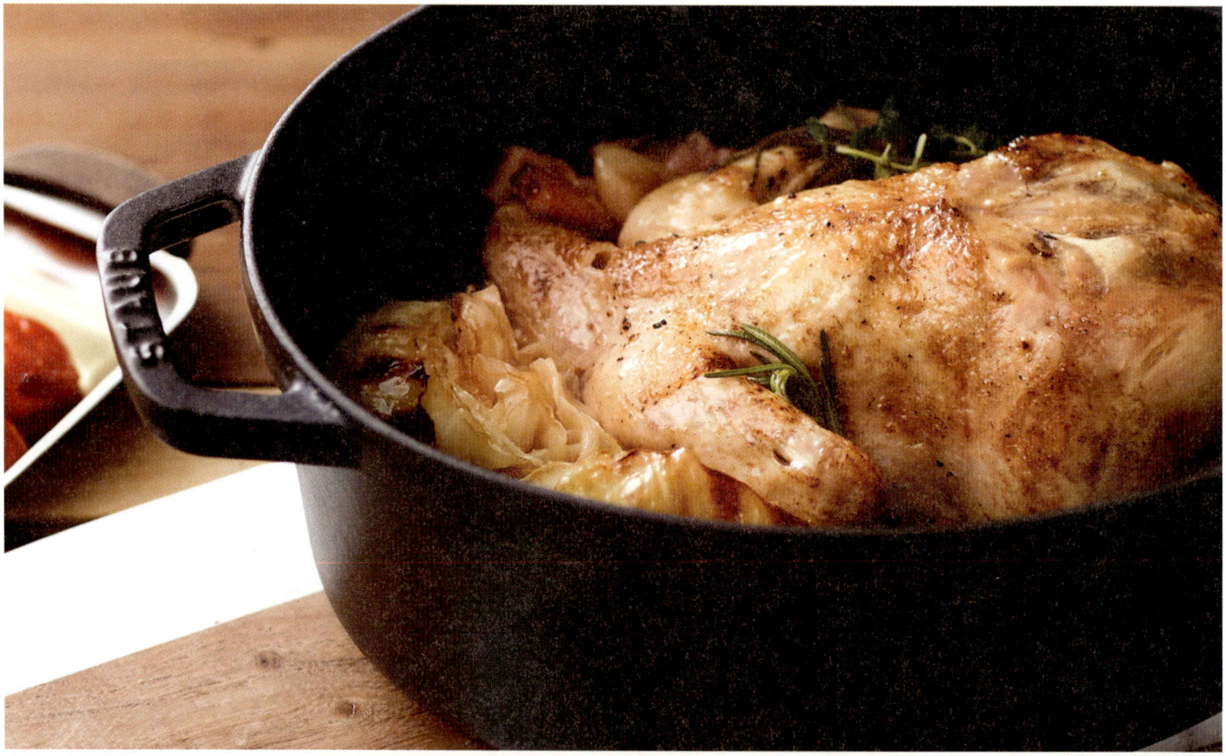
STAUB

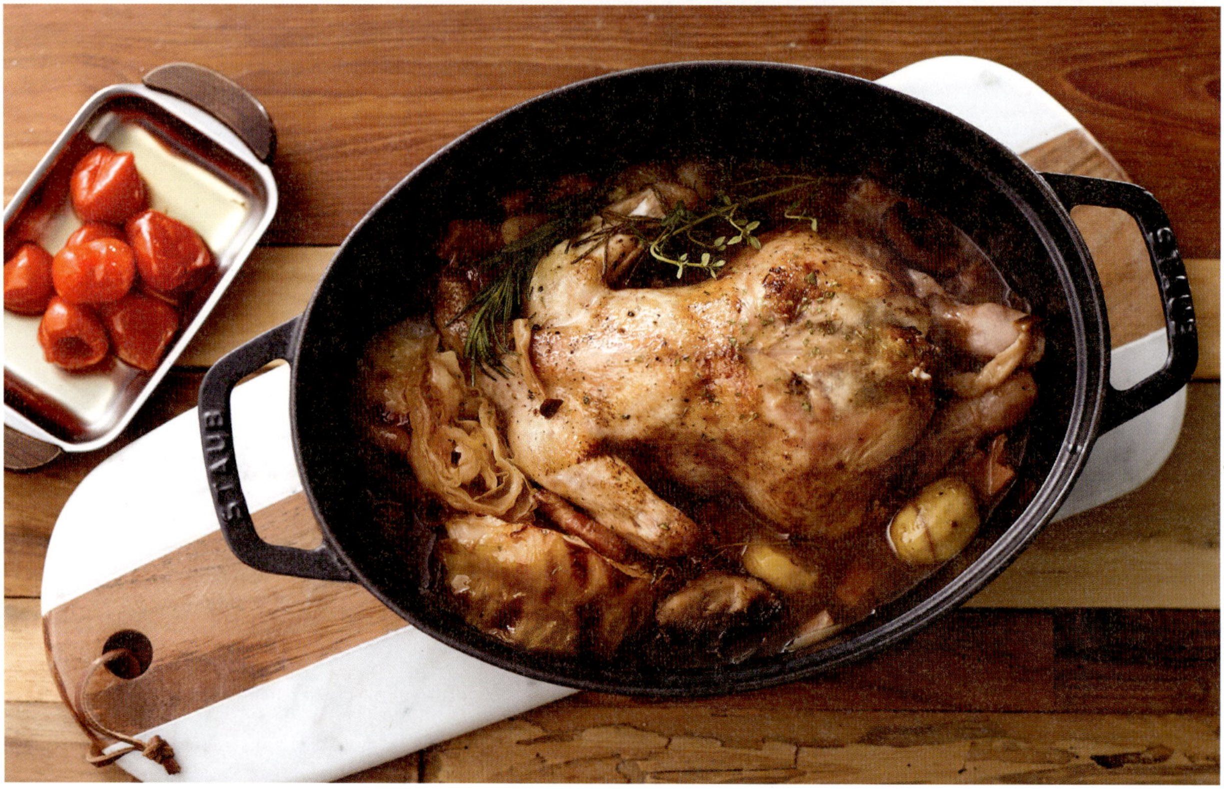
STAUB

닭 한 마리 냄비구이

테이블 위에서 뚜껑을 열면 탄성이 절로 나오게 되는 요리임에 틀림없습니다.
보기와는 다르게 간단하게 만들 수 있으며 계절에 관계없이 먹을 수 있습니다.
닭고기의 육즙이 듬뿍 밴 양배추가 일품인 요리입니다.

INGREDIENTS

백만송이 버섯
느타리 버섯
올리브유
표고버섯
화이트와인
양파

닭 한 마리	소금 · 후춧가루 약간씩	**속 채움 재료**	**속 채움 재료 양념장**
베이컨 20g	파슬리가루 1T	백만송이 버섯 한 다발	화이트와인 1C
양배추 1/2통		느타리 버섯 한 다발	버터 1T
밤 8개		표고버섯 4개	올리브유 1T
양파 1개		마늘 5알	소금 · 후춧가루 약간씩
마늘 10알			파슬리가루 약간
버터 2T			

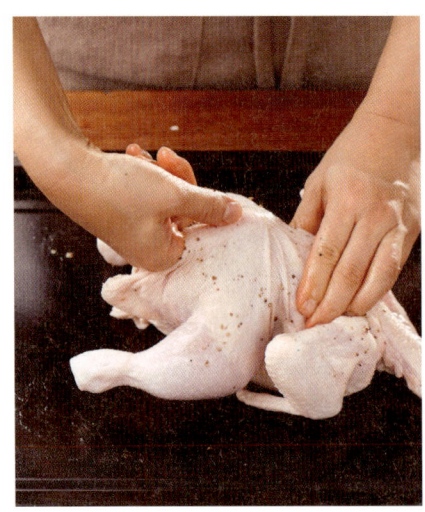  

PREPARATION

1 백만송이 버섯은 흙 묻은 부분을 잘라내고 표고버섯에 묻은 흙을 제거하고 깨끗한
   면포로 잘 닦고 기둥을 제거하고 저미듯 썬다.

2 밤은 껍질을 벗기고 양배추는 반으로 자른 뒤 큼지막하게 썰고 양파는 반으로
   자른 뒤 1cm 크기로 썰어둔다. 베이컨은 1cm 두께로 썰고 마늘은 칼등으로
   으깬다.

3 닭고기는 뱃속을 흐르는 물로 깨끗이 닦아내고 녹인 버터와 후춧가루를 닭 몸에
   고루 바르고 껍질과 살 사이에 손을 넣어 버터를 바른다.

4 달궈진 팬에 버터를 녹이고 버섯, 마늘을 볶아내고 파슬리가루를 더해 향이 전체에
   고루 배어나도록 하고 소금, 후춧가루로 간을 맞춘 뒤 볼에 꺼내어 손질한 밤과
   함께 섞어놓아 닭고기 안에 채울 재료를 준비한다.

HOW TO MAKE

1 달궈진 냄비에 버터를 녹이고 으깬 마늘, 양파, 양배추, 베이컨을 넣고 볶다가 화이트와인을 넣는다.

2 닭의 뱃속에 볶은 버섯, 밤, 마늘을 넣어 다리를 교차시켜 실로 단단히 고정 시키고 내용물이 틈새에서 빠져나오지 않도록 닭 껍질을 이용해서 잘 싸맨다.

3 프라이팬에 올리브유를 두르고 중불로 달궈 닭의 겉면을 전체적으로 구워 낸다.

4 냄비 바닥에 양배추, 베이컨, 버섯, 밤, 양파를 깔고 그 위에 구운 닭을 담고 허브를 닭 곳곳에 올린다.

5 뚜껑을 덮고 약불에서 한 시간 정도 구워내거나 220℃로 예열해둔 오븐에 50분가량 굽는다.

크기가 작은 오븐을 이용할 시 냄비가 들어가지 않을 때는 알루미늄 호일로 닭을 싸매 구워도 됩니다.
뼈 있는 닭다리 살을 사용하면 보다 더 간단히 만들 수 있습니다. 닭 껍질과 살 사이에 버터를 발라주면
바삭한 식감을 즐길 수 있습니다.

쥬키니가 들어간 까르보나라

진한 크림소스와 쥬키니의 고급스런 맛이 절묘한 까르보나라 레시피입니다.
베이컨의 육질이 고소한 크림소스 사이로 씹히는 맛도 일품이지만
자칫 느끼해질 수 있는 맛을 쥬키니가 깔끔하게 잡아준답니다.
색감도 예쁘고 식감도 좋은 냄비 까르보나라.

INGREDIENTS

		소스	
스파게티면 320g	당근 1개	달걀 노른자 4개	화이트와인 1/4C
베이컨 180g	마늘 3알	생크림 1C	소금 · 후춧가루 약간씩
쥬키니 1개		닭 육수 2.5C	
새송이버섯 2개		파르메산 치즈 적당량	
양파 1개			

PREPARATION
-

1 베이컨은 5mm 크기로 자른다.
2 쥬키니와 새송이버섯, 당근을 스파게티처럼 길게 자른다.
3 양파는 두툼하게 채 썰고 마늘은 편썰기 한다.
4 소스 재료는 섞어서 실온에 둔다.
5 스파게티면은 끓는 물에 삶아둔다.

HOW TO MAKE
-

1 냄비에 오일을 두르고 버섯, 쥬키니, 당근을 넣고 중불에서 볶아내어 꺼내둔다.
2 냄비에 베이컨과 양파를 중불에서 3분 정도 볶다가 생크림을 넣고 끓이다가
  닭 육수를 넣고 끓인다.
3 삶아두었던 면과 볶은 채소를 넣고 끓이다가 후춧가루를 살짝 뿌리고 치즈를 올려
  간을 맞춘다.

볶아둔 채소를 마지막 단계에서 넣어야 식감이 살아 있습니다.
간은 치즈로 하고 부족하면 소금을 약간 추가하시면 됩니다.

이국적인 면 요리, 새우 팟타이

태국에서 처음 먹어 본 달달하고 짭조름한 볶음국수를 잊지 못합니다.

'아! 정말 맛있다'라고 느껴보는 기분 좋은 기억은 내 삶을 특별하고

드라마틱하게 꾸며줍니다. 요즘은 수입 식재료를 손쉽게 구할 수 있습니다.

자장면도 아닌 비빔 국수도 아닌 여행지에서 먹었던

뭔지 모를 그 맛을 찾아가 보면 어떨까요?

INGREDIENTS

다진 마늘
오일
숙주
레디쉬
쌀국수
당근
소스
두부

			소스
건조 쌀국수 200g	적양파 1개	고수 약간	타마린소스 3T
생새우 12마리	당근 1/2개	다진 땅콩 1T	피쉬소스 2T
건새우 10g	부추 50g	다진 마늘 1T	원당 3T
두부 1/2개	레디쉬 2개	오일 약간	
숙주 20g	라임 1/2개		

| 두부 지져내기 | 스크램블드 에그 만들기 | 새우 볶기 |

PREPARATION

1 쌀국수를 미지근한 물에 30분 정도 담갔다가 물기를 빼둔다.

2 원당, 타마린소스, 피쉬소스를 원당이 녹을 때까지 섞는다.

3 두부를 손가락 크기로 잘라 기름을 살짝 두른 팬에 지져낸다.

4 스크램블드 에그를 만들어둔다.

5 새우는 오일을 살짝 둘러 볶아둔다.

숙주를 다 넣지 말고 조금 남겨두었다가 완성된 냄비에 고수와 함께 올리면
좀 더 아삭하고 향긋한 면 요리를 즐길 수 있습니다.

HOW TO MAKE

1 냄비에 오일을 3큰술 넣고 중간불에서 좀 더 강한 불로 달군다. 기름이 달궈지면 물기를 뺀 국수를 넣고 오일이 면에 고루 코팅이 될 때까지 재빠르게 볶아준다. 완전히 익지 않아도 된다.

2 준비된 소스를 면에 넣어 잘 코팅이 될 수 있게 1분간 볶는다. 면을 다른 그릇에 잠시 덜어 놓는다.

3 오일을 두르고 적양파, 마늘, 당근, 두부, 새우, 익혀둔 면을 넣어 재료끼리 잘 섞이도록 저어가며 볶는다.

4 소스를 넣고 섞어준다.

5 조심스럽게 두부와 스크램블드 에그를 넣어서 섞어준다.

6 면이 부드럽게 익었는지 확인해 본다. 만약 모든 수분이 다 날아갔는데도 면이 제대로 익지 않았다면 약간의 물을 넣어 익힌다.

7 불을 끈 후 숙주와 부추를 넣어 남은 열로 숨을 죽인다.

군밤이 들어간 크렘브륄레

'크렘브륄레'는 '불에 그을린 크림'이라는 뜻입니다. 커스터드 위에
설탕을 뿌리고 옛날에 먹던 뽑기처럼 불에 그을려서 표면을 노릇노릇하게
구워 낸 스페인에서 시작된 디저트입니다.

삶은 밤 150g
노른자 4개
황설탕 150g

커스터드 크림

우유 300ml
생크림 200ml
설탕 90g

옥수수 녹말 20g
시나몬 파우더 약간

커스터드 크림 만들기

1 볼에 노른자와 설탕을 넣고 희멀겋게 될 때까지 거품기를 이용해 섞어주다가
  옥수수 녹말도 더해 잘 섞이도록 한다.
2 시나몬 파우더를 넣고 잘 섞은 후 우유를 부어 약불에서 끓어오르기 직전까지
  끓인다.
3 생크림을 넣어 걸쭉함이 생길 때까지 약불에서 끓이는데 냄비 바닥이 눌어붙지
  않도록 나무 주걱 등으로 바닥부터 저어준다.

HOW TO MAKE

1 냄비 바닥에 삶은 밤을 펼쳐 깔고 커스터드 크림을
  그 위에 부어준다. 적당히 식으면 뚜껑을 덮고
  냉장고에서 3시간~반나절 정도 식혀준다.

2 냉장고에서 꺼내 황설탕을 표면에 꼼꼼하게 뿌려
  주고, 작은 오븐이나 토치 등을 이용해서 캐러멜
  라이징시켜 준다.

완성 후 표면에 설탕을 뿌릴 때는 꼼꼼하게 채워야 표면이 고루 카라멜화가 됩니다.
김이 식은 뒤 티스푼으로 깨야 쫙 깨지는 재미가 있습니다.

벌꿀 치즈케이크

블루치즈의 농후함이 두드러지는 달콤한 부드러운 케이크입니다.
하룻밤 정도 두면 풍미가 깊어지며 와인과 함께 먹으면 더욱 좋습니다.
냄비로 만든 치즈케이크는 좀 더 특별해 보입니다.

INGREDIENTS

고르곤졸라 치즈 25g
크림 치즈 400g
달걀 4개
연유 200ml
벌꿀 6T
박력분 80g

HOW TO MAKE

1 고르곤졸라 치즈, 크림치즈, 연유, 달걀, 벌꿀을 블렌더로 부드러운 상태가 될 때까지 풀어준다.

2 박력분을 넣어 부드러운 상태가 될 때까지 풀어서 작은 냄비에 넣는다.

3 냄비에 넣어 180℃로 예열해둔 오븐에 20분 정도 구워준다.

두부 삼총사 전골

시원하고 담백한 국물 요리가 먹고 싶은 날. 심심한 듯 재료의 첫 맛을
느낄 수 있는 착한 국물 요리입니다. 두부를 최대한 활용해 만든
두부 삼총사 전골은 찬바람이 부는 저녁 온 가족이 둘러앉아 양껏 먹고
스트레스를 풀 수 있는 훌륭한 냄비 요리가 될 것입니다.

INGREDIENTS

연두부

북어머리 육수

당근

무

돼지고기 양념장

부추

들기름

	유부 주머니	돼지고기 양념장
연두부 1팩	유부 5장	두부 1/4모
두부 1/4모	다진 돼지고기 100g	다진 파 1T
알배추 10장	두부 1/2모	다진 마늘 1t
당근 10g	들기름 약간	간장 1t
무 50g	부추나 미나리 약간 (유부 묶는 용)	소금·후춧가루 약간씩
청경채 2~3개		
북어머리 육수 3C		

유부 주머니 만들기

PREPARATION

1 다진 돼지고기에 두부 으깬 것과 양념을 섞어 잘 치대 유부 속을 만
   든다.

2 유부 한 면을 잘라 주머니처럼 만들고 끓는 물에 살짝 데친 후 유부 속을
   채워 넣고 데친 부추로 묶어 풀어지지 않도록 유부주머니를 잘 만들어
   놓는다.

3 두부는 두툼하게 잘라 물기를 제거하고 팬에 들기름을 둘러 노릇하게
   구워 삼각형 모양으로 자른다.

4 알배추, 당근, 무, 청경채를 알맞은 크기로 자른 다음 알배추, 당근, 무를
   살짝 데쳐 식힌다.

시중에 나와 있는 당면이 들어 있는 유부 주머니나 일본음식에 자주 사용되는
작은 찹쌀떡 덩어리가 들어 있는 유부 주머니를 사용해도 좋습니다.

HOW TO MAKE

1 냄비에 청경채를 제외한 채소를 먼저 놓고 두부 구운 것과 유부 주머니를 올린다.

2 육수를 부어 중불로 5분 정도 끓인다.

3 순두부를 큼지막한 크기로 잘라 넣고 5분 정도 더 끓인다.

4 한소끔 끓은 재료 위에 청경채를 올려 약한 불에서 끓여가며 먹는다.

아삭한 우엉 가지밥

아삭아삭 씹히는 맛과 특유의 향이 일품인 뿌리채소인 우엉과 폭신한 식감의
가지가 만났습니다. 아직 우엉과 가지의 참맛을
경험하지 못한 사람들도 양념장과 함께 비벼 먹으면 이 채소들에
이런 맛이 있었나 하고 놀랄 것입니다.

INGREDIENTS

- 말린 가지
- 미나리
- 밥 양념장
- 가지, 소고기 양념장
- 소고기채
- 우엉

쌀 1.5C	**가지와 소고기 양념장**	**밥 양념장**
물 1.5C	국간장 1T	미나리 20g
소고기채 100g	들기름 1T	국간장 1T
우엉 50g	물 약간	들기름 1T
말린 가지 20g		깨소금 약간
		물 1T

PREPARATION

1 우엉은 껍질을 벗기고 얄팍하게 어슷하게 썰어 물에 담가 놓는다.

2 말린 가지는 물에 살짝 불려 놓는다.

3 쌀을 30분 정도 물에 불린다.

4 소고기채와 가지를 양념장에 재워 놓는다.

5 미나리가 들어간 밥 양념장을 만들어 놓는다.

소고기와 가지
양념하기

우엉은 식감이 좋은 식재료로 조림, 부침, 튀김으로 많이 사용됩니다.
우엉을 껍질을 벗겨 그대로 두면 쉽게 갈변합니다. 껍질을 벗긴 우엉이 갈변되는 것을 방지하기 위해서
맹물에 담가 놓기도 하지만 맹물에 식초를 몇 방울 떨어뜨려 담가 놓으면 갈변도 막고
떫은 맛도 없앨 수 있습니다.

HOW TO MAKE

1 센 불로 달군 냄비에 기름을 두르고 재워둔 소고기채와 가지를 볶는다.

2 우엉을 넣어 같이 볶다가 불린 쌀을 넣고 고르게 볶는다.

3 물을 붓고 센 불에서 끓이다가 끓어오르면 불을 줄여 20분 정도 뜸을 들인다.

chapter

2

비전 냄비 하나

엄마의 냄비 그리고
편안한 나의 파트너

비전 냄비

비전 냄비는 감자, 고구마 등을 삶을 때 물 끓는 게 보여서 바로바로 불을 조절할 수 있는 등 여러 모로 쓰이는 용도가 많습니다. 유리는 그나마 가장 안전한 재질로 평가됩니다. 조리용 유리 냄비는 첨단 신소재 내열성 강화유리를 사용하여 만든 것으로 900℃ 정도에서 구운 유리로 갈색입니다. 불 위에 오래 두거나 전자레인지에 데워도 유해 물질이 흘러나오지 않아요. 표면에 미세한 구멍이 없어 음식 냄새가 배거나 음식으로 인해 변색될 걱정도 없어 생선 요리에 아주 좋아요. 보통 가스 불뿐만 아니라 전자레인지나 오븐요리도 가능합니다. 수세미로 닦아도 일반 냄비와 비교하면 흠집이 거의 나지 않는 편이라 설거지가 쉽고 식는 속도가 다른 냄비에 비해서 더디기 때문에 다시 데울 필요가 줄어드는 편입니다. 단점이라면 음식이 잘 눌어붙고 타기 때문에 카레요리, 찜, 조림 요리에는 적합지 않아요.

영하 50℃에서 고열 850℃까지의 급격한 온도 변화에도 안전하다고 하지만, 너무 차가운 곳에 보관해두었다가 바로 불에 직접 사용할 경우 부피가 팽창해 용기가 파손될 수 있으므로 충분히 실온에 두었다가 사용하는 것을 권장합니다. 베이킹소다를 묻혀 세척해도 좋구요. 수납할 때 주의할 점은 냄비끼리 겹쳐서 보관하면 깨지거나 파손될 수 있으니 주의해야 합니다.

닭다리살 토란 조림

어릴 적 추석날에 먹는 감자로 알고 있었던 토란을 눈여겨보기 시작한 건

아마도 토토로 덕분입니다. 토토로의 우산으로 잘 알려진 토란잎은

꽤나 낭만적인 소품으로 많은 영화에 등장하지요.

최고의 알카리성 식품인 토란을 닭다리살과 달콤 짭조름한 간장 양념에

졸이면 비며 먹고, 덮어 먹고~ 식탁의 좋은 친구가 됩니다.

INGREDIENTS

닭다리살 250g
토란 500g
불린 표고버섯 3개
말린 고추 1개
불린 다시마 10x10cm 1장
다시마 국물 2C
고추기름 1T

닭다리살 재움 양념
청주 1T
소금 1t
다진 마늘 1t

양념장
간장 3T
설탕 1T
다진 마늘 1T
참기름 1T
꿀 1/2T
후춧가루 약간

PREPARATION

1 다시마는 찬물 3컵에 30분 정도 불려 1cm 정도로 자른다. 다시마 불린 물은 버리지 말고 육수로 사용한다.

2 표고버섯은 미지근한 물에 불려 물기를 꼭 짜서 한입 크기로 자른다.

3 토란은 맨손으로 만지면 가려우므로 장갑을 끼고 숟가락으로 껍질을 벗겨내고 소금을 조금 넣어 문질러 씻고 물에 밀가루를 풀거나 쌀뜨물을 끓여 토란을 데쳐 낸 후 찬물에 30분 정도 담구어 아린 맛을 뺀다.

4 닭다리살은 한입 크기로 잘라 재움 재료에 1시간 정도 재워둔다.

HOW TO MAKE

1 냄비를 중불에서 기름을 두르고 마른 고추를 넣어 매콤한 향을 올린 다음 닭다리 살의 겉면을 익혀 잠시 다른 용기에 옮겨둔다.

2 1의 냄비에 다시마 국물과 토란을 넣고 센 불에서 끓이다가 재워두었던 닭다리 살과 양념장의 2/3를 넣고 끓인다.

3 중불로 줄여 10분 정도 끓이고 젓가락으로 토란을 찔러 보았을 때 부드럽게 들어 가면 표고버섯과 잘라 놓은 다시마를 넣고 국물이 자작해질 때까지 약불에서 10분 정도 뭉근하게 끓인다.

4 참기름과 꿀로 마무리한다.

토란 껍질은 장갑을 끼고 까야 손이 가렵지 않고 쌀뜨물에 데친 뒤 찬물에 담갔다 조리해야
아린 맛이 빠지고 뽀얀 제 모습을 볼 수 있습니다.

열무가 들어간 도루묵 조림

겨울이 제철인 도루묵은 생선 비린내가 많이 나지 않아서

구워 먹기도 하고 조림도 하고 튀겨 먹기도 하는데

이번에는 열무를 넣고 칼칼한 도루묵 조림을 만들어 봅니다.

INGREDIENTS

도루묵

데친 열무

양념장

북어머리 육수

도루묵 7마리	**양념장**	
데친 열무 300g	고추장 2T	참기름 1t
양파 1개	된장 1T	청주 2T
청 · 홍 고추 1개씩	고춧가루 2T	통깨 1T
대파 2대	다진 마늘 1T	
북어머리 육수 1.5C	설탕 1t	

PREPARATION

1 열무는 끓는 물에 데쳐 물기를 빼둔다.

2 양파는 굵게 채 썰고 고추는 송송 썰고, 대파는 어슷썰기 한다.

3 분량의 양념장을 만들어 양념장 반을 데쳐둔 열무와 버무려둔다.

데친 열무 양념하기

HOW TO MAKE

1 냄비에 양파를 깔고 열무 데친 것을 바닥에 깔고 양념한 열무, 도루묵을 올린다.
   나머지 양념장을 넣고 육수를 부어 센 불에 끓인다.

2 열무가 부드러워질 때까지 20분 정도 국물을 끼얹어가며 끓인다.

3 고추, 대파를 넣고 10분 정도 중불로 끓이다가 약불로 줄여 양념이 졸아들 때까지
   익혀준다.

조림을 할 때 양파를 냄비에 제일 처음 깔아두면 양파의 단맛이 나와 음식이 맛있어져요.
도루묵 대신 열빙어를 사용해도 괜찮습니다.

무 듬뿍 삼치 조림

겨울철이 제철인 삼치는 DHA가 풍부해 어린아이들에게는 두뇌발달에,

노인들에게는 치매예방에 좋은 생선입니다.

달큰한 무와 함께 양념장을 넣어 조리면 냄비 하나만으로

일식집보다 맛좋은 무조림을 만들어 맛볼 수 있습니다.

INGREDIENTS

삼치 1마리	양념장	북어머리 멸치 육수
무 1/2개	간장 3T	북어머리 2개
양파 1개	액젓 1T	멸치 20g
홍고추 2개	굵은 고춧가루 4T	파뿌리 2개
풋고추 3개	다진 마늘 2T	통후추 적당량
대파 1대	생강즙 1T	
청주 2T	맛술 3T	

PREPARATION

-

1 북어머리 육수를 만들어둔다.

2 삼치는 배를 가르지 않고 어슷하게 썰어 머리와 함께 찬물에 깨끗이 씻어 건진
  후 청주를 뿌려 30분 정도 재워둔다.

3 무는 큼직하게 잘라 모서리를 다듬고 양파는 굵직하게 채 썬다. 고추와 대파는
  어슷하게 썬다.

무를 큼지막하게 썰어 육수에 미리 삶아 익히면 일식집에서 먹는 생선조림의 무와 같이
부드럽게 양념이 깊게 배인 맛을 즐길 수 있습니다.

HOW TO MAKE

-

1 북어머리 멸치 육수에 큼지막하게 썬 무를 15분 정도 삶아 건진다. 무를 젓가락
  으로 찔러 보았을 때 쑥 들어가고 색이 투명해지면 건진다.

2 냄비에 양파를 깔고 삶은 무와 삼치를 올리고 양념장 반 정도를 얹는다. 북어머리
  육수를 살그머니 부어 센 불에서 뚜껑을 열고 10분 정도 끓여 비린 맛을 날려
  준다.

3 중불로 줄여서 나머지 양념을 얹어가면서 20분 정도 조린다.

4 약불로 줄여 파와 고추를 얹고 10분 정도 뭉근히 끓인다.

채소 갈무리를 할 때 반건조시킨 무를 조림에 사용하면 꼬들거리면서
잘 부서지지도 않고 단맛은 배가 됩니다.

토마토소스에 조린 닭다리살 콩조림

고기의 육즙을 빨아들인 담백한 콩이 이 요리의 핵심입니다.
부드럽고 식감이 좋은 병아리콩이나 강남콩 등이 잘 어울리지요.
보기만 해도 힘이 날 것 같은 음식이랍니다.

INGREDIENTS

토마토소스

올리브유   박력분

소금·후춧가루   파슬리가루

마늘   양파   베이컨

닭다리살

뼈 있는 닭다리살 500g	병아리 콩(캔) 1C	소금 · 후춧가루 약간씩
수제 소시지 3개	양파 1개	올리브유 적당량
베이컨 50g	당근 1/2개	물 1C
토마토 2개	마늘 1쪽	
토마토소스 400g	박력분 1T	
백 강낭콩(캔) 1C	파슬리가루 1T	

PREPARATION
-

1 닭다리살은 소금 · 후춧가루로 밑간 하고 베이컨은 3cm 길이로 썰고
  소시지는 칼집을 낸 뒤 반으로 잘라둔다.
2 양파는 잘게 다지고 당근은 3mm 두께로 깍둑썰기, 마늘은 편썰기
  한다.
3 토마토는 큼직하게 잘라 놓는다.

HOW TO MAKE
-

1 중불로 달군 냄비에 올리브유 1큰술을 두르고 닭고기와 소시지를
  넣어 볶아낸 뒤 꺼내 놓는다. 그 냄비에 올리브유를 추가하여 베이컨,
  양파, 당근, 마늘이 숨이 죽을 때까지 볶는다.
2 박력분을 전체적으로 뿌린 뒤 가루 덩어리가 보이지 않을 때까지
  저어준다.
3 볶아 놓았던 닭고기와 소시지와 토마토소스를 넣고 소금과 후춧
  가루를 넣고 뚜껑을 닫아 중불에서 20분 정도 졸인다.
4 콩과 토마토를 넣고 뚜껑을 덮어 약한 불에서 뭉근하게 다시 한 번
  10분 정도 조려낸다.
5 파슬리가루를 뿌리고 소금과 후춧가루로 마지막 간을 한다.

오븐구이로도 즐길 수도 있습니다. 내열접시(스타우브 및 그라탕 접시)에 담아
빵가루를 뿌려 200℃의 오븐에서 20분 정도 구워냅니다. 바삭하게 구워진 빵가루가
색다른 식감을 선사합니다.

카레소스에 적셔 먹는 소면

카레는 꼭 챙겨 먹어야 하는 음식입니다. 어린아이들의 경우 채소는
잘 안 먹더라도 카레에 넣으면 맛있게 한 그릇 뚝딱이지요. 이번에는 양파의
단맛과 채소들의 개성 있게 씹히는 맛이 더해진 특별한 카레를 소개합니다.
밥이 아닌 소면에 적셔 먹는 독특한 방법으로 특별식으로 준비해 보세요.

INGREDIENTS

고형 카레 2조각	청·홍 고추 1개씩	소금·후춧가루 약간씩
삼겹살 150g	깻잎 5장	통깨 약간
소면 3뮤음	라임 1/2개	가쓰오부시 국물 500ml
가지 2개	다진 생강과 다진 마늘 약간씩	
느타리버섯 30g	참기름 1T	
양파 1/2개	간장 2T	

PREPARATION
-

1 가쓰오부시 국물에 간장을 섞어 육수를 만들어 놓는다.

2 가지와 양파는 깍둑썰기, 버섯은 결대로 길게 찢고 고추는 송송,
  깻잎은 얇게 채 썬다.

3 먹기 좋게 썬 삼겹살에는 소금과 후춧가루를 뿌려 놓는다.

HOW TO MAKE
-

1 센 불로 달군 팬에 오일을 넣고 돼지고기를 볶는다.

2 양파, 생강, 마늘을 넣고 같이 볶다가 육수를 붓고 중불에서 끓인다.

3 끓어오르면 카레를 넣어 녹이고 잘 녹으면 버섯과 가지를 넣고,
  중불에서 끓인다.

4 소면을 삶아 찬물에 여러 번 헹궈 물기를 뺀다.

5 소면 위에 채 썬 깻잎을 올리고 카레소스와 함께 식탁에 올려 취향
  대로 적셔 먹거나 부어서 섞어 먹는다.

가지는 짙은 보라색에 윤기가 나고 탄력이 있으며 흠집이 없는 것이 좋습니다.
아린 맛을 가지고 있어 날로 먹기 어렵고 이 아린 맛은 100℃ 이상으로 가열하면 단맛으로 변합니다.
소면은 삶은 후 찬물이나 얼음물에 여러 번 헹구면 면발에 탱탱하게 탄력이 생겨서 좋아요.

쿠스쿠스를 넣은 토마토 카레

카레와 마늘의 향이 식욕을 자극하는 음식입니다.

북아프리카의 전통 식재료인 쿠스쿠스(Couscous)에 건포도의 단맛과

돼지고기의 맛이 더해져 더욱 풍요로워집니다.

> INGREDIENTS

			쿠스쿠스 소스
삼겹살 300g	올리브 6개	물 100ml	쿠스쿠스 1/2C
새우 6마리	샬롯 5개	올리브유 · 버터 약간씩	물 100ml
오징어 1마리	마늘 6알	소금 · 후춧가루 약간씩	건포도 1T
가지 2개	고형 카레 2조각		버터 1T
방울토마토 10개	토마토 페이스트 2T		소금 약간
브로콜리 1/2개	전분가루 1T		

PREPARATION

1 돼지고기는 1cm 두께로 썰어 소금과 후춧가루를 뿌려 두고 오징어는 사방 2x3cm 길이로 잘라 사이사이에 칼집을 내어 모양을 낸다.

2 가지는 한 개는 5mm두께로 길게 잘라 기름에 살짝 튀겨내고 나머지 한 개는 깍둑썰기 한다.

3 브로콜리는 큼직하게 잘라 뜨거운 물에 데쳐낸다.

4 샬롯은 반으로 자른다. 샬롯이 없을 때는 양파로 대신해도 된다. 양파를 가지의 크기로 깍둑썰기 한다.

5 마늘은 편썰기 한다.

HOW TO MAKE

1 팬에 오일 1큰술을 두르고 센 불에서 삼겹살을 굽다가 오징어와 새우를 넣고 같이 볶다가 한쪽에 꺼내 놓는다.

2 1에서 사용했던 팬에 올리브유 1큰술을 넣고 중불에서 샬롯, 마늘을 볶아 향을 내다가 가지, 브로콜리를 넣고 볶는다.

3 냄비에 물을 끓이다가 카레와 토마토 페이스트를 넣고 10분 정도 끓인다.

4 올리브와 볶아 놓았던 고기와 해산물, 채소를 넣고 소금과 후춧가루, 전분가루를 뿌린 뒤 뚜껑을 덮고 약한 불에서 약 15분 동안 뭉근하게 끓이다가 토마토를 넣고 5분간 더 끓인다.

5 냄비에 분량의 물과 쿠스쿠스(쿠스쿠스와 물은 1:1)를 넣어 끓이고 소금으로 살짝 간을 한다. 쿠스쿠스를 넣고 살살 저은 뒤 바로 불을 끈다. 뚜껑을 덮고 5분 정도 뜸을 들인다.

6 삶은 쿠스쿠스에 버터와 건포도를 더해 나무주걱으로 살살 풀어내듯이 섞고 토마토 카레와 함께 접시에 담아낸다.

만드는 양에 상관없이 물과 쿠스쿠스의 비율은 1:1입니다. 또한 찐 쿠스쿠스는
양상추와 함께 빵에 넣어 드셔도 맛있게 즐길 수 있습니다.

슬라이스한 가지 튀기기

쿠스쿠스는 금방 삶을 수 있는데다가 스튜나 수프 등
여러 음식에 사용할 수 있으므로 집에 부재료로 보관해 두면 좋습니다.
밥을 지을 시간이 넉넉하지 않을 때 편리하게 드실 수 있습니다.

수삼을 넣은 차조죽

인삼의 쌉싸름한 맛을 싫어하는 분들도 수삼은 비교적 잘 드시죠.
수삼에 대추와 밤을 넣어서 단맛이 돌아 몸이 찬 사람들에게 더욱 좋은
건강 죽입니다. 체온이 올라가면 면역력도 함께 올라갑니다.
먹으면서 건강을 지키세요.

INGREDIENTS

쌀　　고명 대추　　수삼　　물　　차조　　꿀

수삼 2뿌리	밤 4개	**고명**
쌀 1/2C	물 6C	대추채
차조 1/2C	꿀 1T	
대추 7개		

PREPARATION
-

<u>1</u> 쌀과 차조는 깨끗하게 씻어 1시간 이상 불린다.

2 수삼은 썻어 큼지막하게 자르고 대추는 돌려깎기 하여 씨를 빼내고
밤은 껍질을 벗긴다.

<u>3</u> 고명으로 올릴 대추는 잘게 채 친다.

HOW TO MAKE
-

<u>1</u> 냄비에 불린 쌀과 차조, 수삼, 대추, 밤을 넣고 분량의 물을 부어 센
불에서 끓인다.

<u>2</u> 재료가 끓으면 불을 중불로 줄이고 밥알이 퍼질 때까지 저어가며 끓
인다.

<u>3</u> 밥알이 퍼지고 재료들이 무르게 익으면 핸드블렌더를 이용해 재료가
너무 곱지 않을 정도로 갈아준다.

<u>4</u> 약한 불에서 5분 정도 끓여 고명을 올려 꿀을 더해 먹는다.

조는 메조와 차조로 나뉘는데 우리는 주로 점성이 있는 차조를 사용합니다.
차조는 냉한 체질에, 메조는 열성체질에 잘 맞습니다.

영양 듬뿍 엄마표 불고기 떡볶이

길거리 떡볶이도 맛있지만 엄마가 만들어주는 건강하고 든든한
불고기 떡볶이를 소개합니다. 모양도 예쁜 조랭이 떡에 불고기 몇 점을 더해
담그면 아이들에게도 인기 만점입니다.

INGREDIENTS

조랭이 떡　　떡국 떡　　불린 호박오가리　　양파

간장 참기름 (떡 양념)　　나물 양념장

고기 육수　　불고기 양념장　　파프리카

		불고기 양념장	**나물 양념장**	**추가 양념장**
쇠고기 300g	파프리카 1/2개	간장 2T	다진 마늘 1t	간장 1T
조랭이 떡 150g	고기 육수 1C	설탕 1T	소금 1t	설탕 1/2T
떡국 떡 100g	참기름 1/2t	다진 마늘 1/2T	참기름 1/2T	참기름 1T
느타리버섯 1팩	간장 1t	다진 파 1T	후춧가루 약간	꿀 1T
표고버섯 2개		참기름 1T		깨소금 1/2T
불린 호박오가리 100g		깨소금 1/2T		
당근 1/2개		후춧가루 약간		
양파 1/2개				

PREPARATION

1 떡은 끓는 물에 데쳐 물기를 빼둔다.

2 당근은 얄팍하게 썰어 모양을 내고 양파는 채 썬다.

3 느타리버섯은 길게 찢고 표고버섯은 큼직하게 썬다.

4 찬물에 충분히 불려서 물기를 꼭 짠 호박오가리는 반달썰기하고 나물 양념장
으로 무쳐둔다.

5 고기는 양념장에 재워둔다.

HOW TO MAKE

1 냄비를 달궈 오일을 살짝 두르고 센 불에서 호박오가리를 볶다가 당근과 양파를
넣고 볶아서 따로 덜어 놓는다

2 양념된 고기와 버섯을 넣어 볶고 떡은 서로 달라붙지 않게 참기름과 간장을 발라
놓는다.

3 간을 보아 모자라는 간은 추가 양념을 넣어 맞춘다.

4 3에 볶아두었던 채소와 떡을 넣고 한데 어우러지게 고루 섞는다.

고소한 감자·고구마 수프

건강하고 친근한 식재료 감자와 고구마는 볶아 먹고 삶아 먹고
다양하게 활용하지요. 집에 남아 있던 처치곤란한 감자와 고구마가 있다면
더욱 좋은 레시피입니다. 냉장고에 넣어두었다가 차갑게 드셔도 맛있습니다.

INGREDIENTS

감자 2개	생크림 50ml	경단
고구마 1개	버터 5g	찹쌀가루 1C
양파 1/2개	닭 육수 2C	뜨거운 물 2C
우유 200ml	소금·후춧가루 약간씩	소금 약간

PREPARATION

-

1 삶은 감자, 고구마를 큼직하게 잘라둔다.

2 양파는 작게 다진다.

3 쌀가루를 익반죽하여 경단을 만들어 끓는 물에 넣어 경단이 떠오르면
건져둔다.

HOW TO MAKE

-

1 버터를 녹인 냄비에 양파가 노릇해질 때까지 볶다가 감자와 고구마,
육수를 넣고 중불로 팔팔 끓인다.

2 불을 끄고 냄비에 우유를 넣고 블렌더로 곱게 갈고 생크림을 넣어
맛을 부드럽게 한다.

쌀가루를 익반죽하는 이유는 쌀에는 밀가루와 같은 끈기가 없기 때문에
끓는 물을 넣어 전분을 호화시켜 점성을 주기 위한 것입니다.
냉장고에 넣어두었다가 식은 후에 먹어도 맛있습니다.

시금치 한 단이 들어간 카레

"슈렉이 사는 늪 같아." 냄비를 저으며 저도 모르게 나오는 말이네요.
생긴 것과 다른 맛. 슈렉처럼 매력 1000가지의 맛을 선사합니다. 시금치를 싫어하는
아이들에게서도 충분히 "어, 시금치가 맛있네."라는 말이 나올 것입니다.

INGREDIENTS

고형 카레 4조각	마늘 4알	**시금치 1단 페이스트**
모차렐라 치즈 100g	올리브유 2T	올리브유 10T
미니 양배추 5개	물 400ml	다진 마늘 1T
방울토마토 10개	우유 50ml	소금 1t
양파 1개		

PREPARATION
-

<u>1</u> 미니 양배추는 반으로 잘라 데쳐둔다.

<u>2</u> 양파는 채썰기, 마늘은 편썰기 한다.

<u>3</u> 시금치는 밑동을 잘라 뜨거운 물에 살짝 데친 후 믹서기에 올리브유와
　　다진 마늘, 소금을 넣고 갈아서 페이스트를 만든다.

HOW TO MAKE
-

<u>1</u> 냄비에 오일을 두르고 중불에서 마늘과 양파를 갈색이 되어 뭉개질
　　정도로 볶는다.

<u>2</u> 물을 넣고 고형 카레를 넣어 끓이다가 만들어둔 시금치 페이스트와
　　우유를 넣고 중불에서 잘 어우러지게 5분 정도 끓인다.

<u>3</u> 미니 양배추와 방울토마토, 치즈를 넣고 5분 정도 약불로 끓인다.

시금치가 많이 들어가서 맛이 어떨까 궁금하시겠지만 카레의 향이 강해서
시금치의 맛이 거의 느껴지지 않아요. 시금치를 싫어하는 아이들에게 좋은 요리입니다.
난이나 크래커에 찍어 먹으며 샐러드와 함께 해도 좋습니다.

조랭이 떡 들깨 미역국

미역국을 한 솥 끓인 뒤 일주일 내내 미역국을 식탁에 올린
경험이 있진 않으신가요? 데우다 졸여지기라도 하면 짜져서 물을 더 붓고
다시 끓이면 국은 또 한 솥이 되어버리기 일쑤입니다.
조랭이 떡을 넣어 아이들이 더 좋아하는 미역국 레시피를 소개합니다.

INGREDIENTS

들깨가루
쌀가루
조랭이 떡
다진 마늘

마른 미역 150g
다진 마늘 1T
국간장 2T
들기름 2T

기본 미역국
양지 400g
마늘 1통
말린 고추 1개
통후추 약간
물 10C

들깨 떡국
조랭이 떡 400g
들깨가루 1T
쌀가루 1T

기본 미역국 끓이기

HOW TO MAKE

1 양지는 찬물에 30분 정도 담가 핏물을 뺀다.

2 미역은 물에 20분 정도 뿔려 찬물에 주물러 여러 번 씻은 후 먹기
   좋은 크기로 자른다.

3 냄비에 분량의 미역국 육수 재료를 넣고 1시간 정도 센 불로 끓이다가
   중불로 줄여 끓인다.

4 고기를 꺼내 얄팍하게 썰어두고 국물만 체에 걸러 육수를 준비한다.

5 미역국 끓일 냄비에 들기름을 두르고 불린 미역을 넣고 중불에 볶
   는다. 육수를 조금씩 부어가며 볶다가 뽀얀 국물이 나오면 나머지
   육수와 국간장을 넣고 센 불에서 10분 정도 끓이다가 마늘을 넣고
   중불로 줄여 30분 정도 끓인다.

6 미역이 부드럽게 익으면 부족한 간을 하고 썰어두었던 고기를 넣고
   10분 정도 더 끓인다.

조랭이 떡 들깨 미역국 끓이기

HOW TO MAKE

1 미역국을 작은 냄비에 옮겨 중불에서 끓이다가 들깨가루를 넣고
  5분 정도 끓인다.
2 조랭이 떡을 넣고 5분 정도 더 끓인다.

끓여 놓았던 미역국이 있다면 들깨가루와 떡을 넣어서 끓이면 됩니다.
여기에 먹기 좋게 채 썬 감자를 넣어서 끓이면 더욱 포만감을 주는 한 끼 식사가 됩니다.

미역귀 매운 고추장찌개

항암 작용이 뛰어난 미역귀는 시장 건어물 가게에서 흔히 볼 수 있는 재료입니다.
짭조름하고 식감도 좋지요. 고추장찌개의 매콤함과 시원한 맛을 주는 미역귀의
오돌오돌 씹히는 식감이 어우러진 찌개 요리로 강력 추천합니다.

INGREDIENTS

양념장

쌀뜨물

감자

양파

미역귀

불린 미역귀 80g

(마른 미역일 경우 15g)

소고기 양지 75g

홍합 10개

감자 1개

양파 50g

대파 1/2개

청 · 홍 고추 1/2개씩

쌀뜨물 2C

소금 · 후춧가루 약간씩

양념장

고추장 1.5T

된장 1/2T

고춧가루 1/2T

다진 마늘 1/2T

다진 생강 약간

들기름 약간

국간장 약간

소금 약간

PREPARATION

-

1 미역귀는 찬물에 30분 정도 불려 잡티를 골라내고 바락바락 주물러 씻어 물기를
  빼뒀다가 한입 크기로 자른다.

2 양파와 감자는 도톰히 썰어 감자만 찬물에 담가둔다.

3 소고기는 나박나박 썰어 후춧가루와 소금으로 밑간을 해두고 대파와 청ㆍ홍 고추
  는 어슷하게 썬다.

미역은 물에 불리면 무게의 5배 정도로 불어납니다.
넉넉히 불려 물기를 꼭 짜서 밀폐 용기에 담아 냉동보관 해서 먹어도 괜찮습니다.

HOW TO MAKE

1 중불로 달군 냄비에 들기름을 두르고 소고기를 볶다가 미역귀를 넣고 볶는다.

2 미역이 탱탱해지면 쌀뜨물을 넣고 센 불로 끓이다가 양념장, 감자와 양파, 홍합을 넣고 중불에서 끓인다.

3 재료가 익으면 대파와 고추를 넣고 간을 맞춘다.

미세먼지에도 좋은 미역귀는 다시마 튀각처럼 튀겨 먹어도 좋습니다.
쌀뜨물에는 전분질이 녹아 있어 찌개를 걸쭉하게 해주는 역할도 하면서 냄새를 잡아주는
역할도 하여 비릿한 맛을 잡아줍니다.

스테인리스
냄비 하나

반짝반짝
주방의 자존심

스테인리스 냄비

스테인리스 냄비는 수명이 길어 잘 관리하면 평생 쓸 수 있습니다. 열이 빠르고 고르게 퍼져 조리 시간도 줄일 수 있으며, 표면에 비린내나 양념이 배지 않습니다.

처음 사용할 때 새 제품에 묻어 있는 연마제나 불순물을 닦으려면 냄비의 절반 높이까지 물을 붓고 식초 한두 숟가락 정도를 넣어 센 불에서 3~5분간 끓입니다. 따뜻한 물에 식초와 주방세제를 풀어 스펀지로 닦아도 됩니다.

스테인리스 냄비에 대한 가장 큰 선입견은 쓰기 까다롭다는 것입니다. 초보자들이 하기 쉬운 실수는 예열이 안 된 상태에서 사용하다가 눌어붙거나 태우는 경우입니다. 그러나 예열만 잘 하면 조리 중간에 불을 세게 올려도 타지 않습니다. 예열 상태는 물방울 또는 기름 테스트로 확인할 수 있습니다. 중간 불에 냄비를 달궈 물을 조금 뿌렸을 때 물방울이 튀어 오르지 않고 물방울이 뭉쳐서 굴러다니면 예열이 잘 된 것입니다. 기름이 왕관 모양을 그리면서 퍼지는 것도 좋은 예열 신호입니다.

스테인리스 냄비를 쓰다 보면 얼룩이 생깁니다. 이럴 때는 냄비에 구연산 한 수푼을 넣고 물을 부어 3분 정도 팔팔 끓여준 다음 부드러운 천 수세미로 살살 문질러주면 됩니다. 냄비가 타서 눌어붙었을 경우에는 냄비에 물을 붓고 베이킹소다 3스푼, 과탄산소다를 2스푼 정도 넣어서 5분 정도 끓인 후 수세미로 닦으면 쉽게 벗겨집니다. 스테인리스 냄비가 탔다고 고민하지 말고 한번 시도해 보세요.

세척한 후에는 마른 행주를 이용해서 물기를 닦아 주면 물얼룩 없이 깨끗하게 보관할 수 있습니다.

당면이 넉넉히 들어간 찜닭

닭고기보다는 굵은 면발의 당면에 더 열광하게 되는 찜닭은

칼칼하고 달달한 간장 양념에 조려 어른과 아이 모두 좋아하는 음식입니다.

당면을 먹기 위한 요리라고 해도 괜찮을 정도의 푸짐한 냄비 요리입니다.

특히, 시원한 국물 맛은 끝내줍니다.

INGREDIENTS

청주 / 참기름 / 양념장 / 양파 / 감자

		양념장		**닭 육수**
조림용 닭 1Kg	당근 1개	진간장 6T	설탕 4T	뜨거운 물 1L
넓은 당면 100g	대파 1대	멸치 액젓 1T	참기름 2T	치킨스톡 1개
말린 북어머리 1개	마른 고추 2개	굵은 고춧가루 2T	깨소금·후춧가루 약간씩	
감자 1개	식용유 약간	다진 마늘 3T		
양파 1개	청주 약간	다진 생강 1T		
고구마 1개	참기름 약간			

PREPARATION

1 당면은 찬물에 1시간 이상 불려놓는다.
2 절단한 닭을 깨끗이 씻어 물기를 뺀 뒤 청주에 20분 정도 재워두어 냄새를 없 앤다.
3 감자는 껍질을 벗기고, 고구마는 겉에 묻은 이물질을 깨끗하게 손질하여 껍질째 큼직하게 썬다. 고구마가 익는 시간이 감자보다 더디므로 감자보다 약간 작게 썬 다. 당근과 양파도 큼직하게 썰고 대파는 어슷하게 썬다.
4 분량의 양념장을 섞어 두고, 뜨거운 물에 치킨스톡을 녹여 육수를 만들어둔다.

HOW TO MAKE

1 팬에 식용유를 두르고 따뜻할 정도로 데운 다음 마른 고추를 넣어 매콤하게 고추의 향을 낸 후 닭의 겉면이 노릇노릇해질 때까지 지져낸다.
2 먼저 냄비의 바닥에 양파를 깔고 지진 닭과 북어머리, 양념장의 반을 넣고 재료 가 잠길 정도로 육수를 부어 센 불에서 뚜껑을 덮고 15분 이상 끓이다가 뚜껑을 열고 거품을 걷어낸다.
3 중불로 줄여 10분 정도 더 끓여 닭이 80% 정도 익었을 때 단단한 채소(고구마, 감자)들을 넣고 남은 양념장을 넣고 15분 정도 더 끓인다. 가끔 한 번씩 뚜껑을 열어 뒤적여 준다.
4 감자 등의 채소가 익으면 불린 당면과 뜨거운 물을 조금 더 넣고 한 김 끓이다가 당면이 부드러워지면 불을 끄기 전에 어슷하게 썬 대파와 참기름을 넣어 잘 섞어 식탁에 올린다.

요리를 하는 도중에 물을 더 넣어줘야 하는 경우가 많아요.
그럴 때 뜨거운 물을 넣어주는 것이 좋아요. 찬물을 넣으면 온도가 갑자기 내려가
음식이 완성되는 중요한 포인트를 놓칠 수 있고 육류나 생선의 경우 비린내가 날 수 있어요.
닭은 조림용으로 손질되어 나온 것을 이용하면 편리합니다.
당면은 여름에는 찬물에 겨울에는 약간 미지근한 물에 불립니다.

견과류가 듬뿍, 피칸파이

베이커리에 가서 피칸파이나 호두파이 가격에
놀라신 경험은 없으신가요? 가격이 만만치 않지요.
집에서 냄비로 간단하게 만드는 레시피를 소개합니다.

INGREDIENTS

피칸과 호두 3줌
크렌베리 · 피스타치오 1줌
달걀노른자 4개
설탕 1T
물엿 70g
계피가루 약간

파이지

찰밀가루 250g
실온에 둔 버터 80g
달걀노른자 1개
우유 약간
소금 5g

HOW TO MAKE

-

1 파이지 재료를 비닐봉지에 한꺼번에 넣어 조물조물 반죽하여 가루가
  보이지 않도록 뭉쳐준다.

2 파이지를 팬에 펼친 후 파이지 위를 포크로 찔러 구멍을 내준다.

3 피칸과 호두를 먹기 좋게 다져 달걀노른자, 설탕, 계피가루, 물엿과
  함께 섞는다.

4 3을 파이지 위에 부어 약불에서 40분 정도 굽는다.

파이지 위에 구멍을 내지 않으면 파이가 부풀어 올라요.
마트에서 흔히 파는 하루견과를 사용해도 됩니다.

캘리포니아 찹쌀 케이크

겉면은 소보로 느낌의 바삭함이, 속에는 찰떡의 느낌이 나는 쫄깃한
찹쌀 케이크입니다. 집에서도 간단하게 만들 수 있는 초간단 레시피예요.
아이들 간식이나 어르신 생신에도 손색이 없는 케이크입니다.

INGREDIENTS

우유
찹쌀가루
완두배기와 팥배기

찹쌀가루 300g
달걀노른자 1개
완두배기와 팥배기 적당량
우유 30ml
식용유 약간

HOW TO MAKE

-

1 볼에 찹쌀가루, 달걀노른자, 우유를 넣고 한데 섞는다. 반죽이 질지
  않게 손으로 잡아 보았을 때 살짝 뭉쳐질 정도로만 한다.

2 팥배기와 완두배기를 넣는다.

3 센 불로 달군 냄비에 식용유를 고르게 발라주고 반죽을 넣어 윗면을
  고르게 펴준다. 약불로 줄여 30분 정도 굽는다.

4 중간에 한 번 뒤집어서 5분 정도 굽는다.

냄비를 뜨겁게 달군 후 오일을 두른 후에 찹쌀가루 반죽을 넣어야 반죽이 냄비에 눌어붙지 않아요.

보릿가루로 만든 얼그레이 케이크

식이섬유가 많은 보릿가루로 만든 케이크입니다.

더해진 얼그레이 향으로 고소한 맛과 풍미가 좋은 케이크랍니다.

밀가루가 잘 맞지 않는 분들에게 권해드립니다.

INGREDIENTS

보릿가루 믹스

보릿가루 믹스 100g
달걀 2개
포도씨유 35g
홍차 티백 2개

HOW TO MAKE

1 달걀을 풀어 보릿가루 믹스, 버터, 포도씨유를 넣고 섞는다. 약간 질척한 느낌의 반죽이다.

2 케이크를 만들 틀에 오일을 바르고 반죽을 넣어 냄비에 올려 뚜껑을 덮고 중약불에서 40분 정도 굽는다.

반죽이 부풀어 오르므로 틀에 3분의 2 정도까지만 채우세요. 젓가락으로 찔러 보았을 때
반죽이 묻어나지 않으면 다 익은 것이랍니다.

감자와 베이컨이 들어간 프랑스요리, 방당죄르

프랑스에서 포도 수확시기에 먹었다는 방당죄르.
이름이 낯설지만 너무 간단하면서도 고급스러운 프랑스식 감자케이크입니다.
베이컨으로 감자와 애호박을 감싸 안은 요리입니다. 약간 느끼할 수 있는 맛을
고추를 넣어 잡았답니다.

INGREDIENTS

애호박

감자

베이컨

우유

베이컨 10줄   청양고추 1개
감자 1과 1/2개   치즈 2장
애호박 1/2개   우유 5T
토마토 1개   소금 · 허브 약간씩
달걀 4개

PREPARATION
-

1 감자와 애호박, 토마토는 같은 두께로 통썰기 한다. 감자는 물에 담가 전분기를 빼둔다. 고추는 어슷하게 썬다.
2 달걀은 풀어서 소금과 우유를 넣고 섞는다.

HOW TO MAKE
-

1 냄비에 유산지를 깔고 그 위에 베이컨을 가지런히 놓는다.
2 그 위에 감자, 호박, 토마토, 치즈를 순서대로 올리고 달걀물을 붓고 어슷하게 썬 고추를 올린다.
3 미리 올린 베이컨으로 덮고 중약불에서 30분 정도 익힌다.

유산지를 깔지 않고 바로 하면 눌어붙을 수 있으니 반드시 유산지를 깔도록 합니다.

대구살이 들어간 새우 크로켓

냉동 튀김은 먹고 싶지 않고, 입 안 가득 고소함이 그리운 날에는

통통한 새우살과 부드러운 생선살로 크로켓을 만들어 보세요.

바삭한 크로켓을 튀기는 고소한 시간.

INGREDIENTS

반죽용 빵가루 · 양파 · 빵가루 · 정종 · 후춧가루 · 소금

| 대구살 200g
새우살 400g
튀김 기름 적당량 | **새우 밑간**
정종 · 후춧가루 약간씩 | **반죽**
빵가루 2/3C
양파 1개
다진 파슬리 1T
소금 · 후춧가루 약간씩
달걀 1개 | **튀김옷**
달걀 2개
빵가루 1C |

PREPARATION

-

1 새우의 껍질을 벗기고 내장을 손질해 정종, 후춧가루를 넣고 30분 정도 냉장고
  에서 재웠다가 굵게 다진다.
2 대구살을 블렌더에 넣고 갈아서 부드러운 퓌레 상태를 만든다.
3 양파는 곱게 다진다.

HOW TO MAKE

-

1 불에 새우와 대구, 빵가루, 다진 양파, 달걀물, 다진 파슬리, 소금, 후춧가루를 잘
  섞어 치댄 다음 동글납작하게 빚는다.
2 달걀물을 묻히고 빵가루를 고루 잘 묻힌 다음 모양이 흐트러지지 않도록 냉동실에
  30분 정도 둔다.
3 냄비에 튀김 기름을 넣고 기름이 뜨거워지면 준비해두었던 크로켓을 넣어 골드
  브라운 색이 날 때까지 튀긴다.

속재료가 부드럽고 연한 경우, 모양을 빚어 냉동실에 30분 정도 굳혀 튀기면
모양이 흐트러지지 않습니다.
냉동 망고와 요거트를 믹서기에 갈아서 망고 딥소스를 만들어
찍어 먹으면 더욱 좋습니다.

새우와 가지가 듬뿍 토마토 카포나타

카포나타는 이탈리아 대표 요리 중 하나로 이탈리아 사람들이 먹는
반찬과 같은 요리입니다. 반찬 문화가 발달한 우리나라와는 조금 다르지만
카포나타를 다양하게 활용해서 스파게티 소스 대용으로 활용하거나
빵과 곁들여 먹으면 맛있습니다.

INGREDIENTS

케이퍼
샐러리
레드와인
토마토소스
올리브유
그린 올리브
양파
식초
잣
가지

새우(중) 10마리	샐러리 20g	식초 2T
가지 3개	케이퍼 1T	올리브유 적당량
양파 1/4개	마늘 4알	소금 · 후춧가루 약간씩
토마토소스 200g	잣 1T	
그린 올리브 6개	레드와인 1T	

PREPARATION

-

1 새우는 껍질을 벗기고 등쪽에 있는 내장을 제거한다.

2 가지는 2cm 크기로 깍둑썰기 하여 물에 잠깐 담궈 쓴맛을 제거한 후 물기를
  뺀다. 양파와 샐러리는 잘게 다지고 마늘은 편썰기를 한다.

HOW TO MAKE

-

1 냄비에 오일을 넉넉히 두르고 센 불로 뜨겁게 가열한 후 가지의 향이 올라올 때
  까지 튀기듯이 볶아낸 후 체에 올려 기름기를 빼고 잠시 덜어 놓는다.

2 가지를 튀겼던 냄비에 새우를 넣고 튀기듯이 볶아서 살이 익으면 빼둔다.

3 1큰술 정도의 기름만 남기고 편마늘을 볶아서 향을 내주고 양파와 샐러리를 볶아
  준다. 케이퍼, 그린 올리브를 넣는다.

4 볶아 놓았던 가지와 새우, 토마토소스를 넣고 끓이다가 소금과 후춧가루, 와인,
  식초를 넣고 약불로 줄여 뚜껑을 덮은 채 2분간 가열한 뒤 불을 끄고 10분간
  그대로 둔다. 이 과정에서 재료의 맛과 향이 어우러지게 된다.

가지는 튀기 듯 볶아주는 게 포인트입니다. 가지에 수분이 많으니 튀길 때 조심하도록 합니다.
언뜻 프랑스 가정식 요리 중 채소 스튜인 라따뚜이와 비슷하지만 가지를 튀겨내는 것이
이탈리아 방식입니다. 의외로 가지를 볶을 때 기름을 많이 빨아들이므로 기름이 많이 필요합니다.

소고기채 무청나물 볶음

무청 시래기는 삶거나 데칠 때 나는 진한 나물 냄새가 조금 고약스럽지만

꽁꽁 얼어버린 겨울날 갈비탕에 넣어 먹을 생각에

마음이 든든해지는 재료입니다. 들기름에 볶거나 멸치를 넣어

찜처럼 먹어야 제맛이지만 고기를 좋아하는 식구들을 위해 아낌없이

양지를 채 썰어 넣어 함께 푹 익혔습니다. 고추장 한 수저 떠 넣고

쓱쓱 비벼 먹고 힘을 내야겠습니다.

INGREDIENTS

양지 250g

삶은 무청 시래기 500g

대파 1대

들기름 2T

국간장 2T

다시마 국물 3C

양지 양념장

간장 2T

청주 1T

설탕 1T

참기름 1T

후춧가루 약간

무청 시래기 양념장

된장 4T

고추장 1T

다진 마늘 2T

다진 생강 약간

들기름 3T

양지 양념하기   시래기 양념하기

PREPARATION

1 핏물을 뺀 양지는 결대로 채 썰어 양념에 무쳐둔다.
2 뜨거운 물에 삶은 시래기는 겉면의 얇은 껍질을 벗겨내고 깨끗하게 씻어 물기를
  빼서 양념에 무쳐둔다.
3 파는 어슷하게 썬다.

마른 시래기를 삶았을 때 나는 특유의 냄새는 쌀뜨물에 살짝 데치면 없어집니다.
시래기를 삶아 겉의 얇은 막을 벗겨내면 보다 부드럽게 먹을 수 있습니다.

HOW TO MAKE

-

1 냄비에 들기름을 두르고 조금 센 불에 고기를 볶다가 양념한 시래기를 넣고 볶
  는다. 불을 중불로 줄이고 시래기에 수분이 날아갔다 싶을 때마다 다시마 국물
  을 조금씩 넣어가며 볶는다.

2 고기와 시래기가 어느 정도 잘 볶아졌으면 남은 다시마 국물을 다 붓고 불을 세게
  하여 5분 정도 끓이다가 시래기를 부드럽게 익히고 양념이 잘 배게 하기 위해 20분
  정도 약불로 익힌다.

3 국물이 자작하게 남았을 때 불을 끄고 어슷하게 썬 파와 들기름, 깨를 넣고 마무리
  한다.

○ ○ ○ ○

chapter

4

질냄비 하나

투박하고
자연스러운

질냄비

질냄비는 진흙으로 빚어 구워 만든 도자기로 두껍고 축열성이 높기 때문에, 원적외선 효과로 음식을 맛있고, 부드럽게 끓여낼 수 있습니다. 불에 끓이는 방법 외에도, 오븐, 전자레인지, 핫플레이트에서도 사용할 수 있습니다.

새로 구매한 토기 냄비는 물을 빨아들이기 쉬운 상태입니다. 그대로 요리를 하게 되면 냄새와 맛이 토기 냄비에 배게 되므로, 처음 사용할 때는 흰 죽을 짓습니다. 토기 그릇의 작은 틈새에 흰 죽이 스며들어서 틈새를 메우게 됩니다. 특히 바깥 부분의 냄비 바닥에 수분이 남지 않도록 합니다. 냄비 바닥에 수분을 남긴 채로 불을 지피면 냄비가 깨지는 원인이 됩니다.

튀김, 프라이 등의 기름으로 만드는 요리는 만들 수 없습니다. 냄비가 기름을 흡수하여 이상할 정도의 고온이 되거나, 기름이 샐 우려가 있습니다. 냄새가 배였을 경우엔, 많은 물과 차 찌꺼기를 조금 넣고서 불에 10분 정도 끓인 채 놔두면 빠집니다. 곰팡이 냄새가 날 때는 많은 양의 물에 식초를 큰 숟가락으로 2~3스푼 정도 넣고 똑같이 끓인 채로 놔두세요.

모시조개 국물이 시원한 대구지리

대구지리는 시원한 국물과 입 안을 꽉 채우는
통통한 살을 같이 먹어야 제맛입니다.
겨울에 더욱 맛있는 생선인 대구와 시원한 국물을 책임질
모시조개를 넉넉히 넣고 반주를 곁들인 식탁을 만들어 보면 어떨까요.

INGREDIENTS

다시마 국물 · 미나리 · 무 · 액젓 · 참나물 · 모시조개

		국물 양념
대구 중간 크기 1마리	대파 1대	다시마 국물 1L
모시조개 6개	미나리 · 참나물 약간씩	액젓 1T
무 1/2개	청양고추 1개	마른고추 2개
콩나물 1/3봉		소금 · 후춧가루 약간씩
배추잎 7장		

PREPARATION

-

1. 깨끗하게 씻은 모시조개는 그릇에 담고 소금물을 부어 검은 봉지나 은박지를 덮어 30분 이상 모래를 해감한다.

2. 무 모서리를 둥글게 정리한 후 끓는 물에 데친다.

3. 대구는 지느러미와 비늘을 제거하고 4토막으로 자르고 끓는 물에 청주 1큰술을 넣고 손질한 대구를 넣었다가 바로 꺼내 찬물에 헹군 대구를 살짝 데친다. 대구를 데친 육수는 따로 둔다.

4. 미나리와 참나물은 5cm 길이로 잘라두고 콩나물을 손질해두고 배추는 길게 잘라둔다.

무 데치기

대구 데치기

대구를 한 번 데쳐서 사용하면 살이 탱탱해지고 요리했을 때 거품이나 잡내가 없어져요.

HOW TO MAKE

-

1 냄비에 데쳐둔 무를 깔고 데친 대구, 모시조개, 배추, 콩나물, 대파, 마른 고추를
   보기 좋게 돌려 담아 무와 대구를 데쳤던 다시마 국물을 부어 센 불에서 끓인다.
   거품이 생기면 걷어내준다.

2 대구지리가 끓어오르면 불을 중약불로 줄이고 소금으로 부족한 간을 한다.

3 참나물과 미나리를 넣고 완성한다.

일식풍의 햇무 어묵조림

"가을 무 먹고 나오는 트림을 세 번 참으면 만병이 낫는다"는 말을
들어보셨나요? 비단 가을 무뿐만 아니라 우리 식탁에 무가 없다면
너무 허전하지요. 생선조림을 하면 무만 먹을 정도로 무를 좋아하는 저는
무도 실컷 먹고 국물도 먹을 수 있는, 무를 넉넉하게 넣은
어묵조림을 시작합니다.

INGREDIENTS

무 1/4개
원형 어묵 4개
당근 1/2개
불린 다시마 10x10cm 1장

실파 약간
참기름 · 꿀 약간씩

양념 국물
디포리 육수 2C
간장 2T
맛술 2T

다진 생강 10g
마른 고추 1개
녹말물 1T

205

PREPARATION
-

1 녹말가루와 물을 1:2.5 비율로 풀어 녹말물을 만든다.

2 무를 1cm 두께로 둥글게 썬다. 무가 너무 크면 비스듬히 반 토막을 낸 다음 모서리를 정리해준다.

3 당근은 모양틀로 모양을 내거나 얇팍하게 썰고, 실파는 송송 썰고, 불린 다시마는 채 썬다.

HOW TO MAKE
-

1 마른 팬을 살짝 달궈 무를 중약불에서 5분 정도 굽다가 노릇하게 색이 나면 중불로 줄여 양념 국물을 조금씩 부어가며 무를 천천히 익힌다.

2 냄비에 1의 무를 깔고 남은 양념 국물을 부어 끓이다가 무가 어느 정도 익고 색이 잘 배었을 때 약불로 줄여 어묵과 다시마채를 넣고 국물이 거의 졸아들 때까지 숟가락으로 국물을 끼얹어가며 조린다.

3 녹말물 한 숟가락과 꿀을 넣어 5분 정도 더 조린다.

4 참기름과 송송 썬 파를 섞어준다.

수분이 많은 무는 익히다 보면 쉽게 물러지기 때문에 겉면을 마른 팬에 구워주면 코팅이 되어
보다 쫄깃한 식감이 유지됩니다. 단맛이 나는 조림에는 단맛이 나는 디포리 국물이 잘 어울립니다.
익히는 데 시간이 더딘 재료부터 먼저 익힌 후에 순차적으로 재료를 넣으면
식재료의 식감을 살릴 수 있습니다.

우엉을 넣은 시원한 전골

우엉 빠진 김밥은 입에 대지 않을 정도로 저의 편애를 받는 재료는
'우엉'입니다. 우엉은 회초리처럼 생겼지만 맛은 구름처럼 순하고
고상한 향을 지니고 있습니다. 촉촉한 비라도 오는 저녁에 뜨근하고 시원한
냄비 요리로 추천합니다.

INGREDIENTS

		소고기 육수	**육수 양념**	**소스**
우엉 1대	양파 1개	물 1.5L	육수 4C	진간장 3T
두부 1/2모	대파 1대	양지머리 300g	국간장 1T	와사비 1T
느타리버섯 50g	은행 10알	다시마 10x10cm 1장	청주 1T	유자청 1/2T
표고버섯 3개	미나리 약간	마늘 10알		
알배기 배추 100g		마른 고추 1개		
무 200g		통후추 약간		
당근 1/4개				

PREPARATION
-

1 양지는 덩어리째 찬물에 담궈 핏물을 30분 정도 빼고 소고기 육수 재료를 넣고 팔팔 끓여 고기를 건져서 썰어 놓는다.

2 반달 모양으로 썰어 모서리를 둥글게 정리한 무를 육수에 넣고 무가 투명해질 때까지 익혀서 건져둔다.

3 무를 건져낸 육수에 국물 양념 재료를 넣는다.

4 두부는 손가락 크기로 자르고 키친타월로 살살 눌러 가며 물기를 뺀 두부를 들기름을 약간 넣고 팬에 지져 놓는다.

5 우엉은 우엉 채칼 등을 이용해 곱게 채 썰어 찬물에 담가두고 당근도 채칼을 이용해서 채 친다.

6 양파는 큼직하게, 대파는 길게 어슷하게 썰고, 무는 반달 모양으로 큼직하게 썰어 모서리를 정리하고 배추는 길이대로 길게, 버섯도 큼직하게 찢어둔다.

HOW TO MAKE
-

1 냄비에 익힌 무와 양파를 깔고 준비한 채소를 먹기 좋게 돌려 담아서 양념한 국물을 부어 센 불에서 끓인다.

2 끓어오르면 약불로 줄여서 끓여가면서 먹는다.

갈변이 쉽게 되는 우엉은 채를 친 후 찬물에 식초 1-2방울을 넣어 담갔다가 조리하면 갈변을 막을 수 있습니다. 무가 들어가는 조림이나 전골은 무를 먼저 어느 정도 익힌 후에 사용하는 것이 좋습니다.

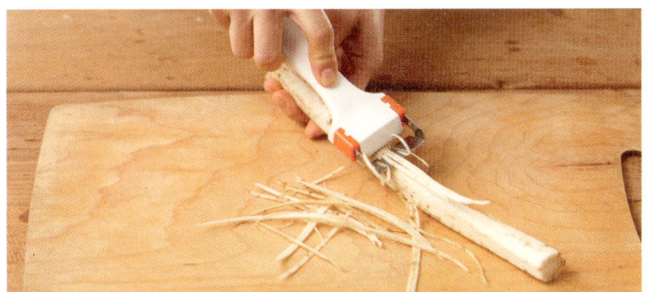

우엉채 만들기

무 익히기

감칠맛 좋은 꽃게 어묵탕

갈비집에서 먹는 된장찌개의 비밀이 '꽃게 다리 하나'라는 거 알고
계신가요? 꽃게는 달고 시원한 맛을 내는 천연 조미료이지요.
먹기 불편한 살을 미리 발라 놓고 시원 칼칼한 고급스러운 어묵탕을 만들면
찬바람 부는 저녁 메뉴로 좋습니다.

INGREDIENTS

대파
마늘
후춧가루
국간장
소금
다시마 국물

꽃게 2마리
어묵 1봉
무 1/2개
대파 2대
마늘 3알

청양고추 2개
국간장 1t
소금 · 후춧가루 약간씩
다시마 국물 5C

게살 발라내기

PREPARATION

1 무는 도톰하게 자르고 모서리를 다듬어 다시마 국물에 데쳐서 건져 놓는다.

2 어묵은 끓는 물에 살짝 데쳐 기름기를 빼서 꼬챙이에 꽂아둔다.

3 고추와 대파는 어슷하게 썬다.

4 꽃게 겉면에 묻은 이물질을 씻어내고 배를 열어 내장을 손질하고 반으로 자른다.
  반 토막 낸 꽃게를 나무 밀대로 다리에서 몸통 쪽으로 밀어서 살을 빼둔다.

꽃게 다리는 단단하고 먹기도 힘드니 다리만 잘 떼어내어 냉동실에 보관해두었다가 라면이나
된장찌개에 넣어 깊고 시원한 맛을 내보세요.

HOW TO MAKE

1 냄비에 다시마 육수를 넣고 살을 바르고 남은 게 껍질을 넣고 센 불에서 끓인다.

2 국물이 끓으면 데쳐둔 무와 어묵과 통마늘을 넣어 중불로 끓이다가 무가 투명
해지면 소금, 간장으로 간을 하고 발라둔 게살을 넣어 5분 정도 후에 살이 단단
해지면 불을 끈다.

3 어슷하게 썬 청양고추와 대파를 올린다.

다진 마늘을 넣으면 국물이 지저분해질 수 있으므로 통마늘로 대신하였습니다.

바다 내음 가득한 해물 뚝배기

제주도에서 먹어도, 우리 집에서 먹어도 맛있는 바다 듬뿍 뚝배기입니다.
레시피에 나와 있는 해물이 아니더라도 쉽게 구할 수 있는 해물로
맛있는 해물 한 뚝배기 차려 내면 훈훈한 가족 식탁이 될 것입니다.

INGREDIENTS

꽃게 1마리
주꾸미 150g
미더덕 100g
각종 조개류(모시조개,
홍합, 바지락 등) 300g
호박 1/2개
무 1/4개

풋고추 2개
홍고추 1개
대파 1대
청주 약간

국물 양념장
멸치 육수 3C
된장 3T
고추장 1T
다진 마늘 1T
다진 생강 1t

PREPARATION
-

1 무는 나박썰기 하고 대파와 고추는 어슷썰기, 애호박은 반달모양 썰기 한다.

2 주꾸미는 먹물 주머니만 떼어내고 밀가루에 주물러 깨끗이 씻어 체반에 밭쳐 물기를 빼놓는다.

3 꽃게는 솔로 문질러 씻은 후 뚜껑을 열고 반으로 잘라 놓는다.

4 새우는 머리가 들어가야 국물 맛이 좋으므로 등을 구부려 이쑤시개로 내장만 떼어내고 깨끗이 씻어 통째로 사용한다.

5 조개류는 흐르는 물에 잘 씻어 건져둔다.

6 분량의 재료를 섞어 국물 양념을 만들어 놓는다.

HOW TO MAKE
-

1 전골냄비에 무를 깔고 해물을 넣은 후 채소를 보기 좋게 돌려 얹는다.

2 국물 양념장을 부어 중불로 15분 정도 끓이다가 끓어오르면 약불로 줄인다. 거품을 걷어 가며 끓인다.

3 조개가 입을 벌리면 불을 끄고 식탁에 올린다.

모든 해산물에 청주를 살짝 부어 놓아 비린 맛을 없애줍니다.
뚜껑을 열고 끓여야 비린 맛을 날릴 수 있습니다.
국물이 빠짝한 찌개를 좋아하거나 된장이 조금 짜다면 꿀을 마지막에 1작은술 정도
넣어주면 맛이 더 좋아집니다.

담백한 특식 참조기 바지락 솥밥

이른 봄 아직은 조금 더 따뜻하고 담백한 음식으로 기운을 얻어야
하는 시기에 짭조름하고 찰진 조기살을 넣어 만든 뜨끈한 솥밥과 봄 향기의
전령사 달래장으로 찬 기운을 몰아낼 준비를 해봅니다.

INGREDIENTS

참조기
실파
양념장
국간장, 청주
바지락
생강채
소금

불린 쌀 500g	국간장 1T	**양념장**
다시마 국물 2C	청주 1T	다시마 국물이나 생수 2T
참조기살 300g	소금 · 후춧가루 약간씩	진간장 2T
바지락살 1봉지		달래 30g
당근 10g		다진 청 · 홍 고추 약간씩
생강채 1t		깨소금 1T
실파 2뿌리		들기름 1T
은행 10알		레몬즙 1t

PREPARATION

1 1시간 정도 불린 쌀은 체에 밭쳐 물기를 살짝 빼둔다.

2 다시마를 우린 맑은 국물에 국간장으로 간을 하고 청주를 넣어 다시마 국물을 만든다.

3 조기포는 깨끗하게 키친타월로 닦아 소금과 청주, 후춧가루에 30분 정도 재운다.

4 바지락은 흐르는 물에 씻어 물기를 빼둔다.

5 생강은 채 썰고 당근은 모양내기로 자르거나 얄팍하게 썬다. 실파는 송송 썬다

HOW TO MAKE

1 재워둔 조기를 중불로 달군 팬에 기름을 조금 넣어 익힌 뒤 숨은 가시를 고르며 큰 덩어리로 살을 나눈다.

2 냄비에 쌀과 만들어둔 다시마 국물을 넣고 바지락과 발라놓은 조기살을 올려 센 불로 7분 정도 끓이다가 불을 줄여 당근을 올리고 15분 정도 더 뜸을 들인다.

3 생강채를 넣고 3분 정도 더 뜸을 들이고 먹기 직전에 송송 썬 실파를 얹는다.

4 달래는 2cm 길이로 썰고 양념을 넣고 섞어 양념장을 만들어 곁들여 낸다.

꼭 조기 생선뿐만 아니라 제사가 있거나 명절날 남은 생선을 이용하면 괜찮은 특식이 될 수 있습니다.
연어나 고등어, 부세, 도미 등 모두 좋습니다. 연어를 사용할 때에는 연어를
버터에 구운 후 밥 위에 얹으면 됩니다.

뚝배기에 구운 파에야

특별한 밥을 먹고 싶은 날, 냄비째 먹기 좋은 파에야를 추천합니다.

냄비 바닥에 살짝 눌어붙은 누룽지를 긁어 먹는 것 또한 즐거움 중 하나입니다.

집에 있는 낮은 토기 냄비에 한 이국적인 밥 요리를 식탁에 올려보세요.

근사한 한 끼로 충분합니다.

INGREDIENTS

바질 · 파프리카 · 오징어 · 치킨스톡 육수 + 샤프란 · 바지락 · 올리브유 · 양파 · 소금 · 후춧가루

쌀 1.5C	방울토마토 6개	**치킨스톡 육수**
오징어(몸통만) 1마리	레몬 1/2개	따뜻한 물 2C
새우 5마리	마늘 2쪽	치킨스톡 1개
바지락 1봉지	샤프란 약간	
홀토마토(캔) 100ml	올리브유 약간	
적양파 1/2개	소금 · 후춧가루 약간씩	
파프리카(빨강 · 노랑) 각 1/2개씩	파슬리가루 · 바질 약간씩	

PREPARATION

1 새우는 등을 완전히 꺾어 껍데기의 틈새로 이쑤시개를 넣어서 등에 있는 내장을
　빼내고 소금물로 씻는다. 모시조개는 해감해둔다.

2 오징어는 몸통 부분의 껍질을 벗기고 링 모양으로 1cm 간격으로 자른다.

3 마늘은 편썰기 하고 양파는 반으로 가른 후 1cm 간격으로 자른다.
　파프리카는 꼭지와 씨를 잘라내고 양파와 같은 크기로 자른다.

4 레몬은 반으로 가른 후 얇게 슬라이스 하고 방울토마토는 반으로 가른다.

5 따뜻한 물 두 컵에 치킨스톡을 녹여 샤프란을 넣고 홀토마토를 으깨 약하게 소금
　간을 해서 토마토수프를 만든다.

HOW TO MAKE

-

1 냄비에 올리브유 2큰술을 넣고 약한 불에 마늘을 볶아서 향을 내다가 오징어와
  새우를 볶고 소금, 후춧가루를 뿌리고 한쪽에 꺼내둔다.

2 냄비에 올리브유 1큰술을 추가하고 양파를 볶다가 쌀을 넣어 쌀이 투명해질 때
  까지 약불로 볶는다.

3 잠시 불을 끄고 쌀을 평평하게 편다. 미리 1에서 만들어둔 토마토수프 한 컵 정도
  를 쌀 위에 끼얹고 소금을 조금 뿌려 간을 하고 새우, 오징어, 모시조개와 파프리
  카를 넣고 중불로 끓인다.

4 중간중간에 뚜껑을 열어 남은 토마토수프 한 컵 정도를 3번에 나눠서 붓는다.
  뚜껑을 덮고 뜸을 약불에서 15분, 약약불에 15분을 들이고, 불을 끄고 바질과 레몬
  슬라이스를 얹어 뚜껑을 덮고 10분간 재료가 어우러지게 둔다.

5 잘게 다진 파슬리가루를 뿌려 완성한다.

다 지은 후엔 뚜껑을 열어 수증기를 날려 보내는 것이 토기 냄비 파에야의 포인트입니다.
먹기 전에 파르메산 치즈를 갈아서 뿌려 먹으면 더 고소한 맛을 즐길 수 있습니다.

작은 생새우가 들어간 무 굴밥

우유 빛깔 통영 굴도 좋고 새침한 서산 굴도 좋습니다. 겨울의 초입에
이만큼 기분 좋게 바다 향을 실어다주는 재료가 또 어디 있을까요?
한창훈 작가가 속삭였듯이 "우리는 늘 바다를 좋아하고 있는" 걸요.
차가운 겨울 바다향 가득한 따뜻한 솥밥을 지어봅니다.
김장철에 반짝 나오는 작은 생새우도 한 움큼 넣어봅니다.

INGREDIENTS

백미 1C	들기름 약간	**양념장**	**밥물**
흑미 3T	소금 약간	간장 3T	물 1과 1/2C
무 100g		송송 썬 실파 3T	청주 1t
굴 200g		송송 썬 팽이버섯 2T	소금 약간
작은 생새우 100g		송송 썬 홍고추 1T	
단호박 50g		깨소금 1T	
당근 10g		참기름 1T	

PREPARATION

1 흑미는 깨끗이 씻어 1시간 이상 불리고 백미는 30분 정도 불려 섞어 놓는다.

2 굴은 소금을 조금 넣은 물에 흔들 듯 씻어 불순물을 없애고 새우는 흐르는 물에
　씻어 물기를 빼둔다.

3 당근과 단호박은 작게 다지고 무는 4cm 길이로 도톰한 채로 준비해둔다.

HOW TO MAKE

-

1 냄비에 들기름을 넣어 얇게 코팅하고 무를 넣는다. 그 위에 불린 쌀을 올리고
　단호박과 당근을 넣고 밥물을 부어 센 불로 끓인다.

2 밥물이 끓어오르면 중불로 줄이고 굴과 새우를 넣어 자글자글 끓인다.

3 약불에서 뜸을 들이고 밥이 다 되면 버터와 분량의 양념장을 섞어 비벼 먹는다.

양념장을 조금만 넣고 질 좋은 가염 버터를 한 수저 넣어 비벼 먹으면 고소한 풍미가
별미입니다. 들기름과 해산물이 잘 어울리므로 일반 오일보다는 들기름을 넣어야 맛이
더 좋습니다.

여름에는 검정보리 감자밥

땀 흘린 후 시원하게 샤워 후 보리밥에 부추를 썰어 넣고 강된장이나
고추장을 넣어 향긋하고 고소하게 들기름을 넣어
쓱싹 대충 비벼 먹으면 한알한알 톡톡 씹히는 맛에 입이 행복해집니다.

INGREDIENTS

검정 보리 1C
감자 1개
물 1.5C

PREPARATION
-

1 보리는 손바닥을 이용해 바락바락 문질러 씻으며 2-3번 정도 헹군다.
   잘 씻은 보리는 찬물에서 1시간 정도 불린다.
2 감자는 큼직하게 썰어 찬물에 담가둔다.

HOW TO MAKE

1 불린 보리를 먼저 깔고 그 위에 감자를 올리고 물을 붓는다. 뚜껑을 덮어
   센 불에서 끓이다가 끓어오르면 약불로 줄여 뜸을 충분히 들인다.
2 뜸을 들인 보리가 탱탱하게 잘 익으면 뜨거운 김이 남아 있을 때 주걱으
   로 감자의 일부를 눌러 으깨가면서 퍼주면 감자의 찰기로 보리들끼리
   잘 뭉쳐져 있게 된다.

불리기 전의 검정보리의 2배 분량의 물을 밥물로 사용합니다.
쌀 씻은 물을 모았다가 국이나 찌개를 끓이면 좋습니다.

식감이 좋은 톳밥

바다의 불로초 톳으로 밥을 지어봅니다. 오도독 씹히는 식감도 재미나고
식탁 위로 바다 향을 가득 몰고 올 것입니다.
특히 혈관과 빈혈에 좋은 톳으로 가족의 건강을 위한
맛있는 톳밥을 지어 보세요.

INGREDIENTS

당근
물
소금, 청주, 맛술
들기름
쌀, 흑미

쌀 1.5C   맛술 2t

흑미 2T   청주 1T

물 2C   들기름 1T

생톳 50g   소금 1t

당근 10g   물 적당량

톳 데치기

PREPARATION

-

1 흑미와 쌀을 섞어 깨끗하게 씻은 뒤 30분 정도 불린다.

2 톳을 물에 담가 잘 씻어 물기를 빼두고 당근은 잘게 다진다.

3 밥물에 소금, 청주, 맛술을 섞어둔다.

4 깨끗하게 씻은 톳은 끓는 물에 살짝 데쳐서 건져 놓는다.

HOW TO MAKE

-

1 솥에 쌀을 넣고 분량의 밥물을 부어 센 불에 올린다.

2 밥물이 끓어오르면 중불로 줄이고 쌀을 주걱으로 잘 뒤섞어준다.

3 준비해둔 톳과 당근을 넣고 약불에서 10분 정도 뜸을 들인다.

4 뜸이 다 들면 들기름을 밥에 섞고 식탁에 올린다.

톳을 넉넉히 구입했다면 우선 생 톳을 끓는 물에 살짝 데쳐 물기를 빼서 물기를 뺀 으깬 두부와 섞고
소금, 참기름, 다진 마늘, 통깨를 뿌려 조물조물 무쳐서 톳밥과 함께 상에 올려 보세요.

닭고기가 들어간 영양 솥밥

고슬고슬하게 지어낸 솥밥 위에 짭조름하게 올려진
닭고기를 함께 먹으면 밥과 고기가 잘 어우러져 한 끼 식사로
몸이 건강해지는 느낌이 듭니다.

INGREDIENTS

닭고기 밑간
유부 밑간
다시마
당근
만가닥 버섯

		닭고기 밑간	유부 밑간
쌀 2C(400g)	다시마 10x10cm 1장	닭가슴살 200g	유부 10장
찹쌀 100g	맛술 1T	진간장 2T	간장 1t
밥물 2C	진간장 1T	맛술 1T	설탕 1t
만가닥 버섯 300g		올리브유 1T	
당근 1/2개		후춧가루 약간	
완두콩 10개 정도			

PREPARATION
-

1 찹쌀과 섞은 쌀을 씻어 30분가량 불린다.

2 닭고기는 밑간 재료에 30분 정도 재운다.

3 유부는 뜨거운 물에 살짝 데쳐서 찬물에 헹궈 물기를 짜고 도톰하게 채썰어 양념에 무쳐둔다.

4 당근은 얄팍하게 썰고 버섯은 길게 찢는다.

5 불린 쌀에 분량의 밥물, 맛술, 간장을 섞어서 넣는다.

HOW TO MAKE
-

1 재운 닭고기를 팬에 오일을 두르고 중불에서 볶는다.

2 밥물 잡은 쌀 위에 다시마, 볶은 닭고기, 유부, 당근, 버섯을 넣고 센 불에서 5분 정도 올려놓고 끓어오르면 불을 줄여 중간불로 15분 정도 익히고 재료가 익으면 약한 불로 줄여 10분 더 뜸을 들인다.

3 불을 끄고 주걱으로 밥을 위아래로 섞고 뚜껑을 닫아 뜸을 5분 정도 충분히 들여 완성한다.

김을 싸 먹으면 더욱 맛있습니다.
식어도 맛이 좋기 때문에 주먹밥이나 유부초밥을 만들면 소풍 점심으로 완벽한 도시락이 됩니다.

부드러운 청국 비지장

꼬릿꼬릿한 청국장에 고소한 콩비지를 섞으면 맛과 냄새가
한결 부드러워져 아이들도 밥 한 그릇 뚝딱입니다. 부드러운 찌개로 변신한
청국 비지장에 도전해 보세요.

INGREDIENTS

멸치 육수
청국장
비지 양념장
배추 양념장
돼지 목살 양념장
데친 배추
콩비지

	돼지 목살 양념장	배추 양념장	비지 양념장
콩비지 300g	다진 파 1T	새우젓 약간 1T	간장 3T
청국장 200g	다진 마늘 1T	다진 파 1T	고춧가루 1T
멸치 육수 2C	후춧가루 약간	다진 마늘 1/2T	송송 썬 실파 2T
들기름 약간	참기름 1T		다진 마늘 1T
	청주 약간		참기름 1T
			깨소금 1T
			꿀 1T

배추잎
양념하기

PREPARATION
-

<u>1</u> 끓는 물에 배추잎을 살짝 넣어 꺼내 찬물에 헹궈 물기를 꼭 짜서 양념에
   무쳐둔다.

<u>2</u> 돼지 목살은 굵게 썰어 양념에 30분 정도 재운다.

HOW TO MAKE
-

<u>1</u> 달궈진 냄비에 들기름을 두르고 센 불에서 양념한 돼지고기를 볶다가, 멸치
   국물을 붓는다.

<u>2</u> 센 불로 10분 정도 끓여 바글바글 끓어오르면 약불로 줄이고 무쳐둔 배추
   잎을 넣고 콩비지를 얌전히 붓는다. 삭을 수 있으니 절대 뒤섞지 않는다.
   중불에 5분 정도 끓인다.

<u>3</u> 콩비지가 어느 정도 익으면 청국장을 넣고 한소끔 더 끓여 양념장과 함께
   낸다.

배추잎을 따로 준비하기가 번거롭다면 냉장고에 먹다 넣어둔
배추김치 속을 털어내고 사용해도 되고 얼갈이 배추도 괜찮습니다.

당면이 넉넉한 갈비 낙지 전골

우리집에 갈비탕이 큰 냄비로 가득 있다면? 혹은 초대한 손님이
고기파인지 해물파인지 취향을 몰라서 걱정이라면? 푹 끓인 갈비탕에
싱싱한 낙지 한 마리만 넣으면 화려한 비주얼에 시원 담백한 맛으로
누구에게나 환영받는 전골 냄비가 됩니다.

INGREDIENTS

갈비탕 육수 5C	**양념장**	**갈비탕 육수**
익은 갈비 4대	간장 2T	갈비 1Kg
낙지 2마리	고추장 1T	양파 1개
양파 1/2개	고춧가루 2T	대파 1대
대파 1대	다진 마늘 1/2T	무 1/3개,
무 1/4토막	다진 파 1T	통후추 약간
고운 당면 20g	참기름 1T	재료가 잠길 정도의 물
청경채 200g		

낙지
양념하기

PREPARATION
-

1 당면은 찬물에 한 시간 정도 불려둔다.

2 낙지는 먹물 주머니와 내장을 빼내고 밀가루를 넉넉히 뿌려 바락바락 주물러 이물질을 제거한다. 5cm 정도 길이로 자르고, 낙지를 미리 섞어 놓은 양념장 반을 넣고 버무린다.

3 양파는 굵게 채 썰고 대파도 어슷하게 썬다. 무는 도톰하게 잘라 모서리를 정리하여 끓는 물에 데쳐둔다.

[갈비탕 육수 만들기]

1 갈비는 기름을 떼어내고 깨끗하게 씻어 3시간 정도 찬물에 담가 핏물을 뺀다. 끓는 물에 갈비를 넣고 핏물이 나오면 버리고 다시 물을 부어 센 불로 30분 정도 끓이다가 3시간 이상 중불로 푹 익힌다.

2 양파, 청주, 대파, 통후추, 통 무 등 향신재료를 넣고 끓인다. 고기가 탱탱하게 익으면 육수를 면포를 깐 체에 걸러 갈비탕 육수를 만든다. 갈비탕 육수에 고기와 대파를 넣어 먹으면 갈비탕이 된다.

HOW TO MAKE
-

1 냄비에 양파와 무를 깔고 익힌 갈비와 낙지 버무린 것을 올린 뒤 육수를 부어 센 불에서 끓이다가 끓어오르면 중약불에서 10분 정도 더 끓이다가 불린 당면을 넣는다.

2 당면이 투명하게 익으면 약불로 줄여 어슷하게 썬 대파와 청경채를 넣고 계속 끓여가면서 먹는다.

육수는 조금 넉넉히 준비해두었다가 조금씩 부어가며 전골을 즐기면 좋습니다.
당면 대신 조랭이 떡을 넣어도 별미입니다.

○○○○○

chapter

5

그 외

압력·코팅·구리·법랑

냄비 하나

편안하고 똘똘한
주방 친구들

압력 · 코팅 · 구리 · 법랑

압력 냄비

압력 냄비로 요리를 하면 요리 시간이 단축돼 가스, 전기 등 에너지를 절약할
수 있고 맛 또한 짧은 시간에 수준 있는 요리를 만들 수 있습니다. 이런 장점이
있는 압력솥이지만 사용하기 번거로워 일반적으로 밥만 짓는 용도로 사용되고
있어요. 하지만 압력솥을 쓰면 오랜 시간이 걸리는 찜 요리나 항상 미리 불려서
사용해야 하는 잡곡류를 불리지 않고 바로 사용해도 부드럽고 찰진 요리를
할 수 있습니다. 냄비 안의 압력이 빠져나가지 못하게 하여 압력을 높게 하
여 요리를 하는 원리입니다. 그렇게 하면 끓는 점이 높아져서 짧은 시간에
많은 열이 음식물로 전달되어 빠른 시간 안에 손쉽게 조리할 수 있습니다.
주의할 점은 조리 시 압력이 남아 있는 상태에서는 절대로 뚜껑을 열어서는
안 됩니다. 항상 압력 안전장치 부분과 패킹을 깨끗하게 닦아줘야 하며 패킹의
경우 교체 시기를 체크해두었다가 교체를 해주는 것이 좋습니다.

코팅 냄비

눌어붙지 않게 표면에 막을 입힌 논스틱 냄비는 국내 소비자에게 가장 친숙
한 냄비입니다. 가볍고 사용이 간편하며 예열할 필요 없어 빠른 것을 좋아하
는 우리 체질에 적합합니다. 사용하다 보면 코팅력이 떨어져 음식이 잘 눌
어붙는데 그때마다 냄비를 과감히 바꿔줘야 합니다. 코팅력을 오래 유지하
려면 뜨거운 팬을 바로 찬물에 담그지 않아야 하며 쓰고 난 뒤 충분히 식힌
후, 불려 닦으면 됩니다.

구리 냄비

유럽의 레스토랑이나 주방에 걸린 고급스러운 모습의 냄비가 바로 이 구리 냄비입니다. 구리 냄비를 구입하실 때는 냄비 안쪽 재질을 살펴야 하는데, 대개 구리, 주석, 스테인리스 스틸의 세 가지 재료를 사용하고 있습니다. 구리는 관리하기가 까다로운 금속으로 재질이 물러서 작은 압력에도 흠이 잘 나기 때문에 조심해서 다루어야 합니다. 냄비 전체에 열이 빠르고 고르게 퍼지고, 재료들이 골고루 익어 바닥에 눌어붙지 않는 뛰어난 장점 때문에 세심한 온도 조절이 필요한 요리에 안성맞춤입니다. 또 빠른 시간에 조리가 가능해 파괴되기 쉬운 비타민과 무기질 등의 열에 약한 영양소 손실이 거의 없고 재료의 향과 풍미가 그대로 잘 살아납니다.

구리 냄비를 사용하면서 주의할 점은 불렸다 설거지 한다고 물에 너무 오래 담가두면 안 되고, 설거지 후 물기를 안 닦은 채로 불에 바로 올려도 안 됩니다. 구리는 열전도율이 높아 중불에서도 잘 끓기 때문에 너무 센 불에 올려도 안 됩니다. 그래서 가스 불 위에서 쓸 때는 불꽃이 냄비 밖으로 넘치지 않도록 잘 조절해야 합니다. 냄비 옆면에 불꽃 얼룩이 생길 수 있기 때문입니다. 철 수세미, 칫솔, 식기 세척기 사용은 하지 않도록 합니다. 다만 주방 세제로 먼저 닦고 난 다음 고운 스펀지를 이용해서 세척해야 합니다. 설거지 후에는 곧바로 마른 천으로 물기를 철저히 닦아주세요.

법랑 냄비

법랑 냄비는 디자인이 예뻐서 사게 되는 경우가 많지요. 식탁 위에 올리면 제법 분위기가 좋거든요. 하지만 사용하기에는 많이 까다로운 편입니다. 씻을 때 조금만 방심해도 코팅이 쉽게 벗겨집니다. 음식물이 눌어붙었을 경우 식힌 다음 뜨거운 물과 세제를 넣고 끓인 후에 부드러운 수세미로 살살 문질러주면 잘 지워집니다. 철 수세미로 문지르게 되면 법랑이 벗겨져서 냄비 안의 철이 녹이 슬게 됩니다. 닦아도 바닥이 누렇게 된 경우에는 바닥에 베이킹소다를 뿌린 다음 구연산을 약간 넣고 물을 넣고 끓인 다음 닦아주면 누렇게 묻었던 때들이 벗겨집니다.

칼칼한 닭곰탕

닭 한 마리를 덜컥 사게 되는 날이 있습니다. 삼계탕은 너무 흔한 것 같고

복잡한 요리는 어쩐지 부담스러운 날, 냉장고 속 채소들과 닭 한 마리로

진하고 칼칼한 맛의 닭곰탕을 준비해 보세요.

\- 구리 냄비 -

INGREDIENTS

닭 한 마리	닭 삶을 재료	양념장
불린 토란대 100g	물 10C	고춧가루 4T
데친 느티리버섯 100g	북어머리 1개	참기름 3T
데친 대파 300g	다시마 10x10cm 1장	다진 마늘 2T
고사리 100g	양파 1개	다진 생강 1t
숙주 100g	마늘 2통	국간장이나 액젓 약간
달걀 1개	생강 1쪽	후춧가루 약간
	대파 1대	

PREPARATION
-

1 대파는 5cm 길이로 자르고 버섯은 길게 잘라 끓는 물에 살짝 데친다. 숙주도
  살짝 데친다.

2 닭 삶을 육수 재료를 냄비에 넣고 센 불에서 5분 끓이다가 중불에서 20분 정도
  끓이고 불을 끄고 추가 내려갈 때까지 익힌다. 그런 다음 닭은 건져서 살만 발라
  내고 육수는 체에 걸러둔다.

3 토란대는 삶아 건진 것을 가늘게 찢어 4cm로 자른다.

4 양념 재료는 약불로 달군 팬에 참기름, 마늘, 생강, 고춧가루 순으로 넣어 충분히
  볶아서 식힌다.

닭 삶기   양념장 만들기 1   양념장 만들기 2

HOW TO MAKE

-

<u>1</u> 버섯, 대파, 고사리, 토란대, 닭살을 양념에 무친다.

<u>2</u> 냄비에 거른 육수에 생수를 섞어 10C 정도로 만들어 붓고 센 불로 끓이다 끓어
오르면 양념한 모든 재료를 넣은 후 채소가 어우러지도록 중불에서 30분 정도
푹 끓인다.

<u>3</u> 모자라는 간은 액젓이나 국간장으로 맞추고 숙주를 올려 마무리한다.

삶은 당면과 달걀을 풀어 넣어 먹어도 좋습니다. 센 불에 양념을 볶으면
고춧가루가 타서 쓴맛이 나므로 약불에서 하는 게 좋습니다.

원기 회복 삼계 녹두죽

기력이 없거나 체력 보충을 할 때

소화가 잘 되는 닭과 몸에 있는 독소를 빼주는 녹두를 먹으면

몸이 한결 더 건강해지고 가벼워지는 느낌이 듭니다.

- 압력 냄비 -

INGREDIENTS

		닭살 양념장	**고명**
닭 2마리	마늘 15개	간장 1T	송송 썬 부추 50g
북어머리 2개	생강 1쪽	깨소금 1T	
찹쌀 50g	대추 3개	참기름 1T	
통녹두 150g	정종 2T	소금 · 후춧가루 약간씩	
수삼 2뿌리	닭이 잠길 정도의 충분한 물		
양파 2개			

PREPARATION
-

<u>1</u> 찹쌀과 녹두는 깨끗하게 씻어 1시간 정도 불린다.

<u>2</u> 속까지 깨끗하게 씻어낸 닭을 끓는 물에 데쳐낸다.

HOW TO MAKE
-

<u>1</u> 닭이 넉넉히 잠길 정도의 물에 정종을 2큰술 정도 넣고 닭과 함께 삶을 재료를 물에
넣고 센 불에서 끓이다가 끓어오르면 중불로 20분 정도 푹 삶는다. 젓가락으로
찔러 보았을 때 쑥 들어가고 핏물이 보이지 않으면 된다.

2 닭이 알맞게 익으면 꺼내 식혀서 살을 발라내어 양념에 무친다. 국물은 면보나
   체에 걸러둔다.

3 불린 찹쌀과 녹두의 6배 정도 양이 되도록 걸러낸 국물을 조절하여 냄비에 넣고
   죽을 끓인다. 센 불에서 5분 정도 끓이다가 불을 줄여 뚜껑을 열고 저어가며
   쌀알이 퍼지도록 끓인다.

4 죽이 어느 정도 퍼지면 곱게 찢어 놓은 닭살을 넣고 한소끔 끓인다.

5 송송 썬 부추를 고명으로 올린다.

팥을 넣은 100% 현미밥

현미 팥밥에 간단하게 김을 싸 먹어도 되고 다른 반찬 없이 먹어도
맛있는 찰밥입니다. 일인분씩 냉동실에 넣어두고 필요할 때
간단하게 먹을 수 있어 좋아요.

- 구리압력 냄비 -

INGREDIENTS

현미 2C
팥 1/4C
물 600ml

HOW TO MAKE
-

1 현미와 팥을 씻어서 물기를 빼고 센 불에서 6분 정도
  끓이다가 약불에서 15분 정도 둔다.

2 불을 끄고 추가 다 내려가면 뚜껑을 열고 뒤섞어
  준다.

압력솥에 하면 팥과 현미를 미리 불리거나 삶지 않아도 찰기가 있는 밥을 먹을 수 있습니다.

바삭바삭 닭튀김

일등 국민 야식인 치킨을 집에서 즐겨 보세요.
하루 전날 미리 밑간을 해놓으면 간이 잘 배어들어 더욱 맛있습니다.
영양도 좋고 맛도 좋은 바삭한 닭튀김! 오늘 어떠세요.

– 압력 냄비 –

INGREDIENTS

간장

다진 생강

다진 마늘

후춧가루

쌀가루

녹말가루

닭다리 밑간

닭다리살 300g(큰 쪽으로 2장)

다진 마늘 2T

다진 생강 2T

간장 4T

후춧가루 약간

튀김옷

쌀가루 4T

녹말가루 4T

닭다리살 밑간하기

밑간한 닭고기에
튀김옷 입히기

PREPARATION
-

<u>1</u> 닭고기는 밑간 양념에 재워둔다.

<u>2</u> 양배추는 곱게 채 썰어 찬물에 담궜다가 물기를 빼둔다.

<u>3</u> 비닐봉지에 쌀가루와 녹말가루를 섞고 재운 닭고기를 넣어 가루가
　 고루 잘 묻도록 튀김옷을 입힌다.

쌀가루를 이용하면 깜짝 놀랄 정도로 향이 좋고 바삭바삭해요. 압력을 이용해서 튀기면
안은 부드럽고 겉은 바삭해요. 튀김을 두 번 튀겨줘야 바삭한 식감을 즐길 수 있습니다.

HOW TO MAKE

-

1 냄비에 닭다리살이 잠길 정도로 기름을 부어 뜨겁게 예열한 후 닭을
   넣어 중불에서 10분 정도 뚜껑을 덮고 튀긴다.

2 건져낸 후 한 번 더 튀겨준다. 이때는 뚜껑을 열고 가볍게 튀겨준다.

채소 듬뿍 토마토 수프

몇 번이나 만들면서 제맛에 도달하게 된 "정말 맛있다"고 자부하는
토마토수프입니다. 이 수프를 만들 때는 압력냄비가 있으면 무척 편리합니다.
끓는 걸 보고 나서 뚜껑을 덮으면 안심할 수 있습니다.

- 압력 냄비 -

INGREDIENTS

		소스	닭 육수
양배추 1/4개	샐러리 1대	토마토 캔 (잘린 것) 1개	치킨스톡 2개
당근 1개	가지 2개	월계수 잎 3장	물 5C
양파 1개	믹스 빈즈 125g	올리브유 1/4컵	
피망 2개		소금 · 후춧가루 · 파슬리 약간씩	
파프리카(적색) 1개			

PREPARATION

-

1 양배추는 2cm로 크기로, 당근, 양파, 피망, 파프리카, 샐러리는 1cm로 깍둑썰기 한다.

2 물 5C에 치킨스톡 2개를 넣어 녹인다.

HOW TO MAKE

-

1 압력 냄비에 가지를 제외한 재료와 소스 재료를 넣고 끓기 시작하면 뚜껑을 덮고 압력을 높인다. 그 상태로 약한 불에서 10분 정도 끓이고 불을 끈다.

2 압력이 빠지면 뚜껑을 열고 가지를 1cm로 깍둑썰기 하고 믹스 빈즈를 넣어 약불에 10분 정도 끓인다.

3 소금, 후춧가루로 간을 하고 올리브유를 뿌리고 먹기 직전 파슬리가루를 뿌린다.

가지는 마지막에 넣을 것이므로 색이 변하지 않게 넣기 직전에 잘라 넣습니다.
먹고 남은 수프로 숏 파스타를 데치지 않고 그대로 수프에 넣고 끓여 먹어도 좋아요.
매콤한 맛을 원하시면 청양고추나 페페론치노를 넣어도 됩니다.

찰기가 있는 현미 약밥

한국 음식을 배우기 시작할 때부터 약밥은 정성과 시간의 음식이었습니다.
씨간장이 생길 정도로 깊은 맛을 내는 할머니 집 간장으로 간을 해서
오랜 시간 중탕으로 쪄내야, 진짜 참다운 맛을 내는 거라고, 그래야
진짜라고 배웠습니다. 바쁜 우리들의 삶 속에서 짧은 시간에 압력솥 하나로
정통 약밥의 맛을 내 봅니다. 그것도 단단한 현미로 말이지요.

- 구리압력 냄비 -

INGREDIENTS

찹쌀 현미

말린 무화과

양념장

깐 밤

현미찹쌀 400g
깐 밤 200g
잣 2T
말린 무화과 300g
대추살 30g
물 2C

양념장
간장 2T
흑설탕 1/2C
대추 퓨레 3T
소금 1t
꿀 1T
참기름 2T

PREPARATION
-

1 현미찹쌀을 씻어 2시간 정도 물에 불려 놓는다.

2 대추는 씨만 발라내어 반으로 가르고 밤은 껍질을 벗겨 이등분 한다.

[대추 퓨레 만들기]
대추 씨를 발라내서 대추가 물에 잠길 정도로만 물을 붓고
은근한 불에 끓인 후 자작해지면 체에 걸러 믹서기에 곱게 갈아주세요.

HOW TO MAKE

-

1 양념을 한데 섞어서 설탕이 잘 녹을 수 있도록 저어준다.

2 양념장에 재료를 한꺼번에 넣어 10분 정도 재운다.

3 냄비에 불린 현미, 양념장에 재운 재료를 넣고 뒤섞어준다.

4 물을 붓고 중불로 조리하다가 추가 올라오면 약불로 줄여 약약불에서
  20분 정도 두다가 불을 끄고 추가 내려올 때까지 뜸을 들인다.

많은 양을 할 경우 밥을 먼저 한 후 양념과 재료를 넣어 찌는 방법이 좋습니다.

중국식 해산물 볶음 국수

홍합과 새우가 국수 면발 속에서 탱탱하게 살아 움직입니다. 집에 있는
냉장고 속 채소를 이용하여 중국풍의 따뜻한 볶음 국수를 식탁에 올려 보세요.

- 압력 냄비 -

INGREDIENTS

| 청·홍 고추 | 양파 | 양념장 | 피망 | 당근 | 부추 |

국수 4인분	당근 1/2개	**돼지고기 재움**	**양념장**
홍합 10개	청 · 홍 고추 1개씩	돼지고기 200g	추노소스 2T
새우 5마리		청주 2T	굴소스 2T
양파 1개		생강 다진 것 1t	두반장 3T
숙주 1봉지		소금 · 후춧가루 약간씩	간장 3T
양배추 잎 5장			맛술 4T
피망1/2개			청주 약간

PREPARATION
-

1 돼지고기는 청주, 소금, 후춧가루, 생강 다진 것을 약간씩 넣어 재워둔다.

2 당근, 양파와 양배추는 굵게 채 썬다.

3 홍합과 새우는 불순물을 제거하고 씻어둔다.

HOW TO MAKE
-

1 냄비에 기름을 두르고 양파, 당근, 양배추를 센 불에서 숨이 죽을 때까지 볶아서
  꺼내 놓는다.

2 냄비에 기름을 살짝 두르고 돼지고기를 볶다가 새우와 홍합을 넣어 볶으면서 양념을
  반 정도만 넣어 섞는다. 그 다음 국수와 볶아두었던 채소를 넣고 나머지 양념을
  마저 넣고 볶는다.

3 불을 끄고 부추와 숙주를 넣고 뚜껑을 덮어 숨만 죽인 후 뒤섞어준다.

냉장고 속 김치를 넣어도 잘 어울립니다.

아삭한 콩나물 우엉잡채

밑반찬 순위에서 항상 상위권을 차지하는 우엉 볶음과
매일 먹어도 질리지 않고 가격도 저렴한 콩나물이 당면과 함께 만났습니다.
평범한 재료들이 모여 제법 그럴 듯한 한 솥 요리가 되었네요.

– 압력 냄비 –

INGREDIENTS

콩나물
조림장
우엉
파프리카
피망
다시마

콩나물 200g	**조림장**
우엉 200g	다시마 우린 물 1/2C
피망 1개	잘게 부순 마른 고추 1개
파프리카 1/2개	간장 4T
불린 당면 200g	조청 3T
불린 다시마 10x10cm 1장	참기름 약간

PREPARATION
-

1 찬물에 당면을 한 시간 정도 불린다.

2 다시마는 찬물에 30분 정도 담구었다가 채 썬다.

3 우엉은 길게 3등분 하여 껍질을 벗기고 우엉 채칼로 길게 채 썰어 물에 담갔다가
   건져 물기를 빼둔다.

4 콩나물을 통통한 찜용 콩나물로 준비하여 머리와 뿌리 쪽을 정리하고 끓는 물에
   살짝 데쳐 찬물에 담가 아삭하게 식힌다.

5 피망과 고추는 채 썬다.

HOW TO MAKE
-

1 뜨겁게 달군 냄비에 참기름을 두르고 중불에서 우엉채를 볶다가 채 썬 다시마를
   넣어 같이 볶는다.

2 우엉이 투명해지면 중불에서 조림장을 넣어 볶다가 살짝 졸여지면 뚜껑을 덮어
   간이 잘 스며들도록 한다.

3 불린 당면을 넣어 볶다가 고추와 피망을 넣어 숨이 살짝 죽게 한다.

4 불을 끄고 콩나물을 넣고 뚜껑을 덮어 숨을 죽인 후 다른 재료와 잘 섞어준다.

불을 끄고 나서 콩나물을 넣어야 콩나물의 아삭한 식감을 느낄 수 있습니다.

게살을 넣은 콘수프

따뜻하고 부드러운 죽이 먹고 싶은 날에 소고기죽이나 채소죽 말고
게살을 넣어 감칠맛이 좋은 수프를 준비해 보세요. 어르신이나 아이들에게도
더할 나위 없는 좋은 수프입니다.

- 법랑 냄비 -

INGREDIENTS

게살 1C   닭 육수 2C
옥수수 캔 1통   녹말물 5T
파 1대   소금 · 후춧가루 약간씩
생강 10g   식용유 2T
청주 1T

PREPARATION
-

1 옥수수 3분의 2분량을 육수와 함께 넣고 알갱이가 어느 정도 씹힐 정도로 블렌더로 간다.

2 고명으로 올릴 파와 생강은 채 썬다.

3 녹말물은 녹말가루와 물이 1:2.5 비율로 풀어 놓는다.

HOW TO MAKE
-

1 충분히 달궈진 냄비에 식용유를 두르고 물기를 꼭 짠 게살과 청주를 넣고 노릇노릇 볶아서 잠깐 빼둔다.

2 냄비에 옥수수 간 것을 넣고 센 불에서 끓이다가 볶아두었던 게살과 남은 옥수수 알갱이를 넣고 보글보글 끓인다.

3 녹말물을 넣어 농도를 조절하고 소금을 넣어 간을 맞춘다.

4 불을 끄고 파채와 생강채, 후춧가루를 뿌린다.

꽃빵을 기름을 두른 팬에 노릇하게 구워 함께 내면 한 끼 식사로 손색이 없습니다.

사골 국물에 끓인 차돌 된장 칼국수

겨울이 시작되면 엄마는 정육점에서 주문한 사골을 찬물에 담궈
핏물을 빼고 밤새 사골국을 끓이셨습니다. 지금도 자식들 냉동실에 3-4팩씩
얼려 넣어주시는 엄마의 사골 국물에 된장을 휘리릭 풀어
구수하고 든든한 칼국수 한 냄비를 끓여 봅니다.

- 코팅 냄비 -

INGREDIENTS

사골 육수 3C	애호박 1/3개	쪽파 10g	청·홍 고추 약간
차돌박이 50g	숙주 30g	된장 2T	
칼국수 350g	미나리 10g	다진 마늘 1T	

PREPARATION

1 애호박은 채 썰고 숙주는 채반에 넣고 흐르는 물에 흔들어 씻어 물기를 빼둔다.

2 미나리는 깨끗하게 씻어 3cm 길이로 잘라두고 청·홍 고추는 송송 썰어둔다.

HOW TO MAKE

1 냄비에 물을 담고 센 불에 사골 육수를 넣고 팔팔 끓인다.

2 육수가 끓으면 된장을 풀고 다진 마늘과 칼국수 면을 넣는다.

3 센 불로 5분 정도 끓여 면이 투명하게 익기 시작하면 차돌박이와 애호박을 넣고
  고기가 익으면 손질한 숙주와 미나리를 고명으로 올린다.

집에 사골 국물이 없을 경우 재래시장이나 동네 큰 마트에 가면
우려 파는 사골 국물을 구입할 수 있어요.

큼직한 단호박이 들어간 돼지갈비찜

계절이 바뀌고 가족의 건강을 챙길 때 좋은 찜 요리입니다.
단순한 삼겹살 구이보다 기름이 덜 튀고, 반찬 투정하는 아이들에게도
칭찬받을 수 있는 마음 든든하고 속도 든든한 찜 요리입니다.

- 법랑 냄비 -

INGREDIENTS

돼지 갈비 400g	생강 1쪽	**양념장**	
단호박 1/2통	청 · 홍 고추 3개	조청 4T	설탕 1T
사과 1개	마른 고추 1개	물 1C	꿀 2T
양파 1개	물 1C	간장 5T	참기름 2T
당근 1개	통후추 약간	마늘 2알	
대파 2대	식용유 약간	다진 생강 30g	

PREPARATION
-

<u>1</u> 돼지 갈비는 기름기를 제거하고 찬물에 30분 정도 담가 핏물을 뺀다.

<u>2</u> 마늘은 잘게 다지고 생강은 강판이나 커터기에 갈아 두고 대파는 큼직하게
어슷하게 썬다.

<u>3</u> 당근은 엄지 손가락만한 크기의 삼각형 모양으로 자르고 밤은 깨끗하게 속껍질
까지 벗기고 양파와 사과는 두툼하게 썬다.

<u>4</u> 단호박은 물로 깨끗하게 씻어 반으로 가르고 수저로 속을 파낸 뒤 초생달 모양
으로 도톰하게 썬다.

<u>5</u> 분량의 양념 재료를 섞어 양념장을 만든다.

HOW TO MAKE
-

<u>1</u> 팬에 식용유를 살짝 두르고 중간 불에서 마른 고추를 볶아서 매운 향을 내어
당근, 단호박을 구워낸 다음 고기의 겉면을 구워서 다른 그릇에 잠시 옮겨둔다.

<u>2</u> 냄비에 두껍게 썬 사과와 양파를 깔고 겉면만 익힌 고기와 양념장과 마른 고추를
넣고 고기가 반쯤 잠길 정도의 물을 붓고 센 불에서 10분 정도 끓인다.

<u>3</u> 중불로 줄여 20분 정도 끓여 고기가 부드럽게 익으면 당근, 단호박을 넣고 약불로
줄여 채소를 익힌다.

<u>4</u> 재료가 완전히 다 익으면 불을 끄고 10분 정도 뜸을 들였다가 식탁에 올린다.

겉면만 익힌 고기를 먼저 양념장에 30분 정도 재워두면 좋아요.
돼지고기처럼 지방이 많은 육류는 기름에 겉면을 살짝 익혀서 찜을 하면 보다 쫄깃한 식감을 유지
할 수 있어요. 익히는 도중 너무 뒤적이지 않아야 재료의 형태가 유지됩니다.
냄비 바닥이 눌어붙는 것쯤은 괜찮아요.

오크라를 넣은 케이준 스튜

기분 좋은 매콤함이 입맛을 더 당기게 만듭니다. 오크라를 스튜나 수프에 넣으면
아삭한 식감과 동시에 걸쭉하게 점성이 있는 국물을 만들어주기 때문에 유용하게
잘 쓰입니다. 오크라에서 나오는 점액질이 마에서 나오는 점액질과 비슷한데
끈적거림이 싫으면 살짝 튀겨서 넣어도 됩니다.

- 구리 냄비 -

INGREDIENTS

		케이준 루
껍질 벗긴 대하 400g	할라피뇨 고추 5개	케이준 시즈닝 1/4T
수제 소시지 4개	샐러리 2개	밀가루 2T
오크라 2C	마늘 2알	식용유 2T
저민 토마토 1캔	소금 약간	
파프리카 1개	물 1과 1/2C	
적양파 1개		

케이준 루 만들기

PREPARATION
-

1 새우와 소시지를 오일을 두른 팬에 볶아준다.

2 양파와 샐러리는 얇게 저미고 피망은 큼직하게 자르고 오크라는 통썰기 한다.

3 케이준 루 만들기: 중불에서 오일과 밀가루를 넣고 황금빛 갈색이 될 때까지 6분
정도 계속 볶다가 케이준 시즈닝을 넣는다.

HOW TO MAKE
-

1 케이준 루에 양파, 마늘, 샐러리, 피망, 약간의 소금을 넣고 볶는다.

2 토마토를 넣어 살짝 섞이도록 볶다가 물을 넣고 한소끔 끓인다.

3 소시지와 새우를 넣고 중약불에서 25분 정도 끓여준다.

4 오크라를 넣고 3분간 약불에서 끓인다.

오크라는 끈적한 물질을 만들어내기 때문에 스튜를 걸쭉하게 만들어줍니다.
여름 동안 신선한 오크라를 볼 수 있지만 없다면 냉동 오크라를 사용해도 괜찮습니다.

감자와 레몬을 곁들인 닭다리 볶음

감자만 골라 먹는 편식쟁이 조카에게, 매운 음식을 잘 못 드시는
엄마에게 해드리고 싶은 맵지 않은 닭볶음을 고민하다가 만들어진 요리입니다.
담백하고 깊은 닭고기의 맛이 일품입니다. 레몬이 넉넉히 들어가
지중해 어디쯤에선가 먹는 기분을 느끼게 해줄지도 모른답니다.

– 구리 냄비 –

INGREDIENTS

뼈 있는 닭다리 7개	마늘 5알
굵은 소금 약간	그린 올리브 1/2C
올리브유 1T	레몬 1개
닭 육수 1과 1/4C	타임 6개
감자 400g	옥수수 전분 1T

PREPARATION
-

<u>1</u> 닭다리에 칼집을 내어 소금, 후춧가루를 넣어 살짝 재워둔다.

<u>2</u> 감자는 껍질을 벗겨 반으로 자른다.

HOW TO MAKE
-

<u>1</u> 중불에서 프라이팬에 오일을 살짝 두르고 통마늘을 넣고 볶아서 향을 내주다가
  닭다리를 넣어 노릇하게 지져낸다.

<u>2</u> 어느 정도 닭다리가 익으면 감자를 넣어 15분 정도 노릇하게 지져준다.

<u>3</u> 육수 1컵과 소금을 넣고 뚜껑을 덮고 끓인다.

<u>4</u> 끓어오르면 올리브, 레몬, 타임을 넣고 약불에서 조린다.

보들보들 햄버거 스테이크

홈쇼핑에서 하루 걸러 나오는 햄버거 스테이크.
전자레인지에 땡~돌리면 그만이지만, 어릴 적 엄마가
만두 빚듯 정성껏 치대 만들어주시던 특별한 그날의 기억을 되살리며
수고로움을 자처해 봅니다.

- 구리 냄비 -

INGREDIENTS

샐러리, 버터
소스 재료
아스파라거스
양파
콜리플라워
다진 돼지고기
당근
반죽 재료

다진 돼지 고기 500g	**반죽 재료**	**소스 재료**	**장식용**
당근 1/2 개	달걀 1개	토마토케첩 2T	콜리플라워 1/4송이
작은 양파 1개	빵가루 1.5T	돈가스소스 1T	아스파라거스 5대
마늘 1쪽	우유 2.5T	다진 양파 1/2C	그뤼이 치즈 약간
	간장 1/2T	샐러리 1줄기	
	식용유 1T	버터 1T	
	소금 · 후춧가루 약간씩	맛술 1T	
		정종 2T	
		간장 약간	

PREPARATION
-

1 당근과 양파, 마늘을 곱게 다진다.

2 아스파라거스와 콜리플라워는 살짝 데쳐서 먹기 좋은 크기로 자른다.

HOW TO MAKE
-

1 반죽 그릇에 반죽 재료와 당근, 마늘, 양파를 넣고 고무주걱으로 잘 섞어준다.

2 다진 고기를 넣어 손으로 여러 번 치대 반죽한다. 반죽을 8등분을 해서 동글 납작하게 다듬어준다.

3 냄비에 식용유를 두르고 빚어놓은 고기를 넣고 물을 살짝 부은 후 뚜껑을 닫고 5분간 중약불에서 구워준다.

4 뒤집어서 한 번 더 5분 정도 뚜껑을 덮고 구워준다. 수분이 하나도 없을 경우 물을 살짝 넣어준다. 속까지 다 익었으면 잠시 꺼내 놓는다.

5 소스를 만들기 위해 냄비에 버터를 넣고 약불에서 양파를 갈색이 날 때까지 볶다 가 샐러리를 넣고 볶아준다.

6 나머지 소스 재료를 넣고 끓인 후 구운 햄버거 스테이크를 넣고 약불에서 소스가 배도록 소스를 끼얹어준 다음 그뤼이 치즈를 갈아 뿌리고, 아스파라거스와 콜리플라워를 올린다.

푸실리나 펜네 같은 숏파스타를 삶아 햄버거 스테이크가 조금 남았을 때쯤 수저로
덩어리를 부숴 불 위에 올려 파스타를 섞어 먹어도 별미입니다. 입 안에서 사르르 녹는
부드러운 식감으로 만들려면 너무 뭉치면 안돼요! 살짝 뭉치면 보들한 식감을 살릴 수 있습니다.

가혹한 해피콜

프라이팬 하나 만드는 데 3년
냄비 다시 만드는 데 6년

빨리 가는 것 보다 탄탄하게 오래 가는 게
더 중요하기 때문입니다.
수 천 번 태우고, 수만 번 긁어보고
상상할 수 없는 고온의 불 속에서
다시 끔찍한 소금물 속으로

우리가 프라이팬에, 냄비에 더 가혹할 수록
주부가 더 행복해지니까요.

HAPPYCALL

해피콜 전속모델 _이영애
Lee Young Ae

SPA CEYLON

고대실론왕궁에서 행해지는 고대전통의학인
아유르베다에서 유래한 식물성 천연성분으로 건강과
웰빙 휴식을 위해 만든 프리미엄 웰빙 제품